# 全国に30万ある『自治会』って何だ！

小田光雄　中村文孝　著

論創社

# まえがき

自治会の仕事に関わる中で、絶えず想起されたのは、自治会こそは辺境に他ならないではないかという思いであった。

辺境とは辞書的にいえば、都から遠く離れた国の果てや国境地帯を意味する。だが自治会にしても、国家／政府、県／地方政府、市／地方自治体、単位自治会というピラミッド型のパラダイムから考えれば、まさに国の果てに位置する辺境というしかない。

グローバリゼーションとインターネットの世界に包囲されていても、自治会には国家／政府といった中心からは見えない問題や事象が常に生じている。そして現在の日本社会の矛盾までもが自治会という辺境へと集約、投影され、露出しているのではないだろうか。

それらの問題を話し合いたいと考え、自治会の仕事の先達である中村文孝さんに対談をお願いし、ここに上梓の運びとなった。ただ防災をめぐる問題に関しては自治会だけでなく、その地方特有の事柄を孕んでいるので言及できなかったこと、その他にも話しそびれたことなど多々あるけれど、ようやく刊行にこぎつけたことをうれしく思う。

本来であれば中村さんの側のエピソードをさらに多く取り込むべきであったが、私の力不足のため、それが果たせなかったことが悔やまれる。だが続けて別のコモン論も控えているので、そちらで実現させるつもりだ。

また自治会館／公会堂、回覧／回状などの用語は自治会によって異なるので、統一しなかったことを付記しておく。

小田光雄

# 全国に30万ある「自治会」って何だ！　目次

# 全国に30万ある「自治会」って何だ！

## 1　前口上

**小田**　まさか、中村さんとこのような対談をすることになるとは思ってもみなかったし、それはあなたも同じでしょう。

**中村**　まったくそのとおりで、私に続いて、小田さんも自治会長になるとは予想外だったからね。でもよく考えてみれば、あなたは、『〈郊外〉の誕生と死』や『郊外の果てへの旅／混住社会論』を著わし、アカデミズムには属していないけれど、郊外の歴史と消費社会、混住社会に関しての第一人者だし、また長きに及ぶ研究者なので、自治会長を引き受けることはその実践に他ならない。それもあって対談を提案されたことに驚きはなかったし、必然的な回路をたどっているのではないかと思い直したりしてもいた。

**小田**　中村さんにそういっていただけると、少しばかり気が楽になる。あなたが私に先行して自治会長を経験していたので、それを拳拳服膺させてもらい、何とか2年間を乗り切ってきたこともあり、対談までお願いするのは心苦しいと思っていましたから。

**中村**　何をおっしゃる。小田さんとは長い付き合いだし、すでに『リブロが本屋であったころ』（「出版人に聞く」4）という対談集を出版している。それにあなたの『出版状況クロニクル』シリーズにしても、その背景にあるのは１９８０年代に隆盛を迎えた郊外消費社会分析と見なせるので、それと絡めて自治会のことも再考したらおもしろいのではないかと考えていたし。

**小田**　最初からそれをいっていただいて助かります。実は対談を考えた時、私たちのポジションや思想を前面に出さず、それらは隠し味にして、リーダブルでありながらも、少しばかり重い本にするつもりでした。でも1冊の本にするとなれば、どうしても我々の生地は出てしまいますので、そこら辺も対談に盛り込んでいくしかないし、そこに我々の世代の戦後社会論的色彩を浮かび上がっていくことになるでしょう。

**中村**　それに年齢的なことにしても、実際に我々の世代が自治会長を務めているし、それは全国的な現象だと思う。しかも自治会の数は全国で30万に及ぶというから、同じような問題に直面している同世代の人々も多いはずだ。

## 2　我々はいかにして自治会長となりきか

**小田**　そう、その問題もある。だからまず自治会長を引き受けた経緯と事情から始めるべきだし、それは先んじている中村さんのほうからお願いします。

**中村**　これは身もふたもないけれど、人がいないからということに尽きる。

**小田**　やっぱりね。それはこちらも同様です。

**中村**　最初に自治会副会長をやってくれと頼まれた。ところがその時自治会で顔見知りの人といったら、隣の家の人くらいしかいない。自治会には135世帯が加入していて、副会長に就くと、それでも「おはようございます」と声をかけられるようになったものの、こちらはどこの誰かがまったくわからないままだった。ところが副会長の2年のうちにようやく顔と名前が一致してきた。

**小田**　こちらも年齢順の輪番で、古くから住んでいた人＝先住民が受けるという暗黙の了解があった。それは中村さんもいっているように、新住民は隣家の人しか知らないのに、どうして自治会の仕事を引き受けられるのかといわれてきたからです。

でもあなたと同じく、私も副会長から始めて、自分も何も知らないことに気づいた。それは予想外に自治会エリアが広く、加入世帯は２５０戸、７００人に及んでいた。しかしこちらの自治会の特色はアパート、マンションが40棟もあることで、エリア内には６００世帯、１２００人が住んでいて、まさに混住社会に他ならなかった。それで引き受けてみて、私も新住民と同様に、何も知らないことに気づかされた。ただ先住民を知っていただけの話で、やはり立場としては新住民とそれほど変わらないと自覚するに至った。

## 3　自治会の将来的メージ

**中村**　私のほうは埼玉県南部の自治会の新住民、あなたは静岡県西部の自治会の先住民で、新旧の立場は異なるけれど、同じ自治会副会長としてデビューすることになったというわけだね。ただそれに絡めて将来的な問題をいっておくと、現在の全国世帯数は５２００万だが、これからの人口減少に伴い、マイナスとなっていく。また定年が60歳、65歳の時代は終わりつつあり、

70歳になっても働いていたりする。これからは80歳でも働いている人が出てくるだろう。そうなると、これまでの自治会の役員のモデルケースが通用しなくなってくる。

60歳、65歳の定年時代は引退してからの15、20年を地域に貢献するという大義名分が成立した。ところが70歳どころか80歳になっても働かされる、もしくは働かなければならない時代を迎えて、誰が自治会を担うのか、何のため、誰のための自治会なのかという問題がせり上がってくる。

**小田**　それはもう現実化している。多くの自治会は会長と1人もしくは2人の副会長を中心にして運営され、そのために自治会役員は多忙だし、2年間拘束されるので、もっと若い世代が担当してほしいという声も上がってくる。でも60歳の定年どころか、65歳になっても働いている人がほとんどで、実際にリタイアしていない。それもあって、どうしても60歳後半に役が回ってくることになる。

中村さんにしても、5年間会長職やったわけだから、60代後半の併せて7年間を自治会長、副会長として活動し、その一方でブックエンドLLP（有限責任事業組合）も立ち上げていたから、当初は大変だったでしょう。それにものすごく一生懸命に取り組んでいた印象がある。遅れて自分も経験し、それがよくわかりましたけれど。

## 4　自治会の定義

**中村**　我々の経験した自治会やその仕事に関して、思いつくままというか、アトランダムにふれていく前に、まずは自治会についての一般的な定義を紹介し、それから始めたほうがいいんじゃないかな。

我々もそうだったと思うけれど、実際に自治会に加入し、自治会が身近な存在であったにしても、その内容や経緯などを理解している人は少ない。それに我々のところはどちらも自治会だけれど、町内会、部落会、区、町会と呼ばれていることも多いようだし。だいたい自治権も確立していないにもかかわらず、「自治会」と称するのもおこがましい。いつから自治会になったのか、作為的な言葉に思われてならないし、現実的にそのように機能しているのかどうか疑問だ。

**小田**　それはおっしゃるとおりで。その格好の資料として、『戦後史大事典』（三省堂）を使いたい。やはりこの対談のテーマの背景が戦後史でもあること、また私がよく参照していることもあって、ここでの定義を引き、自治会の見取図を提出しておきたい。ただこの『戦後大事典』は１９９１年刊行で、１９４５年から90年にかけての戦後史という事情ゆえに、90年代の動向、及び21世紀に入ってからの状況に関してはふれられていない。その代わりに戦後史が敗戦と占領によってまったく新しいものとして出現したわけではなく、戦前史を引き継ぐものとして形成されたという視座を含んでいるので、戦前の重要な問題や事象も立項されている。それらのこともあってか、自治会ではなく、町内会としての定義が挙げられている。

**中村**　それは仕方がないよ。今世紀になってからはそうしたアクチュアルな総合的事典の出版が難しくなり、改訂版にしても、その労力と売れ行きのことを考えると、なかなか難しいのが実情だから。足りないところは我々がフォローし、補足すればいい。

それにこの対談に『戦後史大事典』を寄り添わせるのはとてもいいことだし、確かこの一冊は鶴見俊輔を中心とする思想の科学研究会編の研究書、事典の系譜に属するし、民間の戦後史事典と称していいからだ。

## 5　戦後史の中の町内会と自治会

**小田**　この事典が企画編集されていたのはバブル期の最中の1980年代後半で、編集委員は佐々木毅、鶴見俊輔、富永健一、中村正則、正村公宏、村上陽一郎の6人ですが、鶴見が「この本について」という「刊行のことば」を書いていることから推測すれば、中村さんのいうとおりでしょう。鶴見の周辺の人物が企画し、三省堂に持ち込み、出版されたとしても、民間の戦後史事典という思想の科学研究会のコンセプトは継承されている。

それでは参考基礎資料、文献としての『戦後史大事典』は中村さんの了解を得たこともあり、「町内会」のところを読んでみます。

**◀ちょうないかい　町内会▲**

町内会（町会、自治会、農村部では区会、部落会などとも）は、一定の区域の住民を世帯を単位として全戸組織した地域住民組織である。全戸自動加入、活動内容の包括機能性、行政の末端補完機能、地域的排他独占（一地域には複数の町内会は存在しない）などの組織的特徴をもち、全国のほとんどの地域で組織され、地域のほとんどの世帯を組織している。東アジアの類似組織についての解明がおくれているが、先進諸国には類例がなく、日本の文化的特徴をかたちづくっている。

歴史的には江戸期の町内会にさかのぼる。一説には律令期にさかのぼり、中国からの制度輸入によるとされる。江戸期そして明治期の町内会は、町人町ないし下町に限られ、本来は表通りに一定の間口の土地建物を所有する層によって構成されていた。東京の場合、これが全区域に広がったのは、主として関東大震災以降であるとされる。また全戸加入に変わったのは、昭和期以降政府による組織化がすすみ、防火演習、配給などの必要が生じて以後のことである。

戦後も町内会は、食糧難のもと、米軍放出物資の配給などの機能をはたしていたが、一九四六年（昭和二一）にいたりマッカーサー司令部の指令により、町内会は戦争協力組織であったとして廃止を命令される。しかし多くの地域で町内会は事実上存続して機能をはたした。婦人会が表面的には町内会を代行する、あるいは日赤奉仕団のかたちをとるなどした。また自治体は広報紙の配布などを行政嘱託員にゆだねたが、その嘱託員に町内会長を委嘱するなどのかたちで行政との連絡も事実上存続した場合が多い。五五年以降建設された住宅公団団地でも、自治会の名前で町内会が結成された。最近は町内会は、住民の参加意識の低下、役員の高齢化などで空洞化がすすみつつあり、期待されるコミュニティーの形成に寄与しうるかが問題とされている。

中村　これは戦後のことが混同されているし、戦後の方便としての自治会が増えていったことへの言及がないし、「日赤奉仕団」の名残りが「赤い羽根」であることにもふれていない。

小田　私のほうからもこの定義を補足しますと、昭和戦時下のことが抜けている。

## 6　大政翼賛会のこと

中村　大政翼賛会のことをいっているのでしょう。それに関しては、私も花森安治の本を出しているので、町内会と大政翼賛会の関係は無視できないし、ちょっと避けて通れないと思う。

小田　そうだと思っていました。ところが幸いなことに、『戦後史大事典』には大政翼賛会の立項もあるので、それを引いてみます。

**◀たいせいよくさんかい　大政翼賛会▲**

一九四〇年（昭和一五）の新体制運動のなかで、政党をはじめ自主的諸集団が解体したのち、同年一〇月に結成された国民総動員運動の中核組織。「大政翼賛会・臣道実践」をスローガンとした。総裁は首相が兼ね、支部長も途中から知事が兼任するなど行政と表裏一体の官製団体となった。当初、中央本部には議会局など五局二三部が、地方には道府県・郡市町村に支部がおかれた。「下情上通」の機関として、中央協力会議・地方協力会議が付置された。会の運営は、衆議は尽くすが最終決定は総裁が下すという「衆議統裁」方式がとられた。四二年五月、大日本産業報国会など有力六団体が翼賛会の傘下に入り、八月内務省の統制下にあった部落会・町内会がその末端に編入され、翼賛会を頂点とする国民支配組織網が完成した。戦争末期の四五年六月、本土決戦準備のために組織された国民義勇隊に発展的解消をとげた。

**小田**　これと先の町内会をリンクさせると、町内会と自治会を通じて、朧気ながら戦前、戦後の相関関係が浮かび上がってくる。

**中村**　これらに補足すると、1940年10月に大政翼賛会が発足し、41年12月には太平洋戦争が始まる。そうした状況下で、大政翼賛会の中央本部下部組織として、道府県、都市、町村の各支部が設けられ、その末端に町内会、部落会、隣組などが位置づけられた。だから町内会などは実質的に大政翼賛会の末端に組み込まれ、末期には本土決戦の実行部隊とされたと見なしうる。

その大政翼賛会の幹部だった花森のことは、小田さんもインタビュアー兼編集者として、河津一哉、北村正之『「暮しの手帖」と花森安治の素顔』（「出版人に聞く」20）に関わっているので、いうまでもないけれど。

**小田**　大政翼賛会のことは我々の立場からすると、やはり無視できないし、戦前の町内会や婦人会、日常生活や行動様式などに与えた影響は図り知れないしね。

**中村**　でも花森は戦後になって、そのことに関して何も語っていないし、謎に包まれたままだというしかない。ただこれを抜きにして、花森と『暮しの手帖』のことは論じられないと思っている。

**小田**　中村さん、それは大政翼賛会や花森だけでなく昭和10年代後半の事象はよくわかっていないことが多いとされている。とりわけ我々の出版業界に関しても。

## 7　1940年代の事件と生活

**中村**　そこでたまたま手元にあったので、吉原健一郎、大濱徹也編『江戸東京年表』（小学館、1993年）の東京の1939年（昭和14）からの「事件と生活」「文化」のところを追ってみた。すると町内会と大政翼賛会と花森絡みの出来事、及びそれらに関連する事象が上がっていたので、それらをピックアップしてみます。ここでの市と府は東京市、府のことです。

＊39・8／市が、隣組回覧板10万枚を配布する。毎日2回の「隣組回報」の発行を開始する。
＊40・4／市が、外来6割混入の米を配給する。
＊40・8／国民精神総動員本部が、「ぜいたくは出来ない筈だ！」の立て看板1500枚を市

内に配置する。
＊40・11／各地で紀元2600年の祝賀行事が行なわれる。
＊40・？／市内の町内会が2406に改編・整備される。
＊41・4／6大都市で米穀の配給通帖制・外会券制を実施。
＊41・9／市が、砂糖・マッチ・小麦粉・食用油の集成配給切符制を実施する。
＊42・4／府が、翼賛選挙演説会場が不入りのため、隣組を通じて「棄権者調べ」を配布する。
＊42・11／板橋区の区常会で、「お乳の隣組」が組織される。
＊42・？／「欲しがりません勝つまでは」の標語が流行。
＊43・2／陸軍省が、決戦標語「撃ちてし止まぬ」のポスター5万枚を配布する。
＊43・4／銀座で、戦争物資として鉄供出のため街路灯の撤去式が行われる。
＊43・7／日比谷で、大政翼賛会主催の「みたみわれ」発表国民音楽会が行われる。
＊43・7／東京都制が施行される。東京府と東京市を解消し、都民官を置く。
＊43・10／麹町区で初の女子勤労挺身隊が結成される。神宮外苑教技場で、出陣する学徒壮行大会が行われる。
＊43・？／英語名の日常使用の締め出しが強化される。
＊44・8／学童集団疎開の第一陣が、上野を出発する。
＊44・10／日比谷公園で、「一億憤激米英撃摧国民大会」が開催される。

**中村**　ここに引いた出来事や事象は年表において、ほとんどが赤字記載されているので、東京の戦時下の「事件と生活」「文化」の中でも、重要なものとして認識されていることを示しています。大政翼賛会の発足は１９４０年、花森がその宣伝部に入るのは41年ですが、その前史的なエピソードも拾ってみました。

**小田**　確かに「隣区回覧板」、「配給」、「ぜいたくはできない筈だ！」のコピーなどは大政翼賛会の前史的な町内会絡みのエピソードと見なしていい。

**中村**　花森の大政翼賛会での仕事の全貌はもはや追跡することはできないけれど、これらの多くに関係していたのではないかと思われてならない。それから大政翼賛会が担っていたのは町内会を通じての「配給」や「供出」などの戦時行政の下請け、戦時下の防火、防災、さらに寺や神社行事にまでも広く及んでいたとされる。

**小田**　つまり『戦後史大事典』の定義では町内会の起源は江戸時代に求められ、「先進諸国には類例がなく、日本の文化的特徴をかたちづくっている」とされるが、実質的には戦時下において、大政翼賛会の発足とともにかたちづくられたのであり、そこに現在の町内会＝自治会の起源が見出されるのではないかということですね。

**中村**　そうです。それは敗戦と占領によるポツダム宣言により解体に至ったとされているけれど、その本質と形態はそのまま残され、引き継がれていったのではないか。だからそれを演出した大政翼賛会のことを認識しておかなければならない。それから野口悠紀雄『1940年体制』(東洋経済新報社)のいうところの「戦時経済」も重なってくる。でもそれは別のところで論じたほうがいいね。

## 8　部落会について

**小田**　それに加えて、東京などの都市部は町内会だったが、地方では部落会として機能し、戦後もそのように営まれてきたといえるし、『戦後大事典』にはその部落会も定義があるので、それも引いてみます。それは1991年時点での自治会の位相を物語るもので、町内会、部落会として認識されていたとわかる。

◀ぶらくかい　部落会▲

農村集落の自治組織。多くは藩政村以来の自治組織の伝統のうえに、今日まで住民組織として活動してきている。部落は家を単位にして構成されていることから、役員選出や予・決算などを審議する定例会のほか、必要に応じてひらかれる集会には各家から一人が出席する。村のなかの道路や部落の共有施設の維持管理や神社の祭礼など、部落会は今日でも多様な活動をになっている。

もちろん、兼業化がすすんだことから家を代表する出席者が世帯主に限られなくなり、混住化がすすんで新しい来住者である非農家も多数加わるようになるなど、運営には大きな変化が生じている。非農家が増加することで、農道や水利施設の管理などの農業に関連する活動が、農家だけで組織する農事実行組合などに移管されたり、新たな組織がつくられて部落会の機能の一部が譲り渡される例が多い。

**小田**　この農村の部落会が郊外化し、サラリーマンを主とする新住民が住むようになると、混住社会へと移行していく。私のところの自治会はその典型です。これらの呼称を少し調べてみると、１９９６年の自治省調査によれば、その内訳は自治会が34・1％、町内会が23・7％、区が14・7％、部落会が7・7％、町会が5・2％、区会が2・0％、その他12・6％となっている。おそらくその他というのは団地とかマンションの管理組合などをさしているんじゃないかな。

**中村**　色々あるものだね。あらためてこの事実を知ると、我々の経験した自治会の仕事が均一的、画一的になっているにしても、それぞれがその地方や土地特有の歴史を負いながら営まれていることがわかる。それはこんな時代だから高齢化、人口減少は共通していても、問題は様々なかたちでそれぞれの地域の特性をふまえて生じていると想像される。

## 9　自治会は30万を数える

**小田**　このことも少しばかり調べてみたけれど、日本の近代化と行政の問題は切り離せない。

1888年（明治22）の市制、町村制の施行によって、7万余の町村は1万5000に減少し、戦後の1953年には市町村数は9968、1985年には3253、それから平成の大合併で、地方自治体は1718となった。これらのすべてに数百に及ぶ自治会や町内会があり、それらに大都市の区部の自治会も加わり、トータルすると29万から30万弱に及ぶとされる。

**中村**　これもあらためて聞かされると、本当に驚きの思いだ。だってコンビニは全国各地、どこにいっても見かけるし、その数は6万に及んでいるようだが、自治会や町内会はその5倍だ。ということはコンビニどころではなく、まさに全国津々浦々に自治会は存在し、自治会長は30万人、副会長は大体2人だから60万人がいて、さらに上位団体の連合自治会を含めると100万人になるし、我々と同様の自治会というドラマを繰り拡げていることになる。

**小田**　そうなんだ。確かに当たり前といえば、当たり前なんだけれど、その数には驚いてしまう。会長と副会長だけで90万人を数えるわけだから。また現在の日本の世帯数は5200万とすると、加入しているかどうかは別にして、単純計算すれば、ひとつの自治会や町内会は170世帯を抱えていることになる。それに関連して、我々の世代は自治会や町内会の役員、もしくは何らかの委員を引き受けなければならない立場にあり、おそらく何百万人が直面する現実となっている。それは我々が象徴的に体現している。人数のことから言えば、国家公務員は33万人、地方公務員は270万人とされるから、自治会関係者は双方の人数に匹敵する。

そうしたこともあってか、我々の共通の友人のことを挙げれば、最近『「象徴」のいる国で』

（作品社）という戦後社会論を上梓した菊地史彦さんに、中村さんと自治会の本に取り組んでいるといったら、それは自分にとっても身近なテーマなので、ぜひ早く出すようにと期待されている。

**中村**　それはわかる気がする。彼の本はこれも共通の友人からも勧められ、私も読みました。菊地さんは団地育ちの戦後社会論者といえるので、我々とは異なる視点から自治会への関心があるのだろうし、自治会長ではなくても、何らかの関わりが生じているのだろうね。

**小田**　きっとそうだろうと思う。それとこれまた共通の友人の緑風出版の高須次郎さんが佐藤文明『あなたの「町内会」総点検』を刊行しているので、あなたとの自治会の本のことを話してみた。するとそれはいい企画だから、やはり早く出すようにといわれた。緑風出版の本もほうも類書がなかったこともあり、1万部近く版を重ねていたが、内容の改訂が必要となり、それが進まず、品切のままになっているということだった。

**中村**　でも、この自治会をめぐる我々の対談はそうした実用書的な一冊を意図していないので、どのように読まれるのかはわからない。うまく読者と出会えればいいのだが。

**小田**　本当にそうであればいいのですが。

## 10　日本の1990年状況

そのことはさておき、『戦後史大事典』に関して、もうひとつ取り上げておきたい。この事典が表象しているのは日本の1990年頃状況で、町内会や部落会もその反映でしょうが、それらは大項3目「礼会・生活・環境」のうちの小項目「都市と農村」のところに措かれている。

そこには町内会や部落会だけでなく、衛星都市、近郊都市、コミュニティ、市街化調整区域、新住宅市街地開発法、スプロール現象、村落共同体の解体、町村合併、都市化、農村的生活様式の変化などのタームが並んでいる。また都市的生活様式の変化、インナーシティー問題、ウォーターフロント、ニュータウン、テクノポリス、メガロポリス、リゾート整備法なども含まれている。前者は町内会や部落会に直接関係し、後者は1980年代ならではの開発に絡むタームと考えていい。

**中村**　1970年代以後の日本の消費社会化に伴うパラダイムチェンジが投影されているんだろうね。例えば、コミュニティという項目があるけれど、私のほうの市の自治会担当窓口はコミュニティ課という名称なので、そうした社会変化に応じて設けられたのだろう。

**小田**　私のところは地域づくり応援課です。70年代まではそのような名称の課はなかったはずだし、行政においてもコミュニティや地域づくりを前面に出す必要に迫られていたことを示している。

なぜここで、『戦後史大事典』の「都市と農村」における町内会や部落会などと並ぶ小項目を挙げたかというと、あなたが指摘されたように、社会のパラダイムチェンジが明らかに表出してきているからです。私は1990年代後半に『〈郊外〉の誕生と死』を書くにあたって、70年代前半に刊行された「岩波講座現代都市政策」（全11巻、別巻）を参照した。ところが市民という意図的な言葉が乱用されるばかりで、郊外に関してはまったくといっていいほど言及がなされておらず、参考にならなかった。

## 11　地域社会のモデル

**中村**　そうだろうね。このシリーズはイデオロギーと対立概念で意図的に市民という言葉を語っているから。

**小田**　それらはともかく、町内会や部落会についてはどうだったのかを確認するために、全巻を繰ってみた。すると、そのⅡが『市民参加』と題され、編集委員の篠原一の「市民参加の制度と運動」を筆頭にして、「現代都市と市民」「市民運動と市民参加」「自治体と市民参加」「市民とコミュニケーション」の4章からなり、11人の論稿が収録されていた。その「市民運動と市民参加」のところに、社会学者の奥田道大「地域社会と市民運動」があり、そこにかろうじて、町内会と部落会が見出されたので、それを「地域社会のモデル設定」チャートとともに引いてみます。

**「地域共同体」モデル**

全体社会のドラスティックな変動過程にあって、崩壊・解体化の対象にすえられるモデルであるが、具体的には、農村の旧部落、都市の旧町内といった、共同体的（ムラ的）規制の支配する、伝統型地域社会をイメージする。特殊的――閉鎖的系のわれわれ行動（地域埋没

地域社会のモデル設定

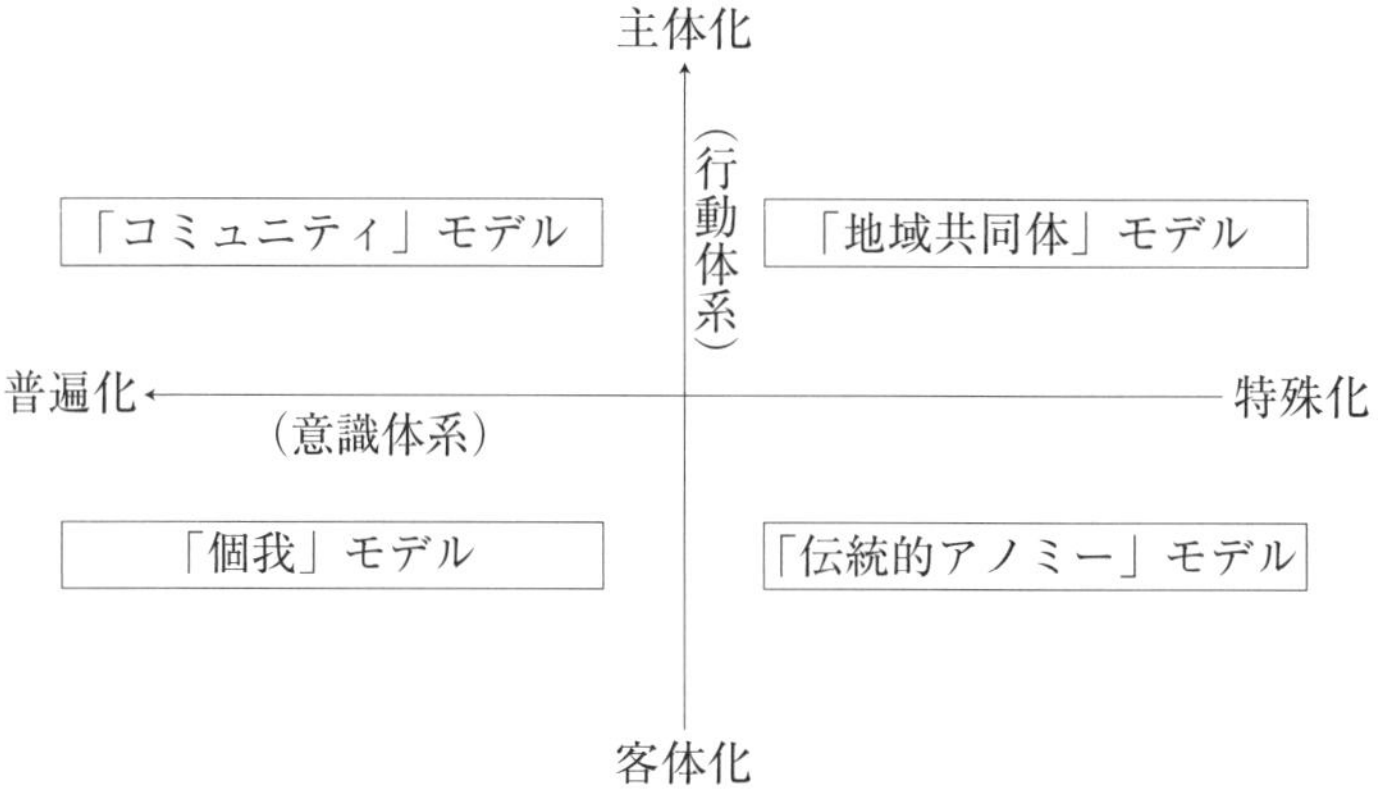


的なぐるみ的連帯行動）とわれわれ意識（排他的な地元共同意識、郷土愛）に支えられる住民は、「伝統型住民層」の類型にいれられる。類型の属性としては、出身（出生）を在住年数のながさに媒介される地付層、職業階層的には農漁民・自営業者をはじめとする旧中間層、政治イデオロギーは保守系、年齢・教育程度別には高年齢・低学歴層に特徴的ポイントがみいだせる。密度の濃い近隣関係を維持し、一枚岩的な地域集団である「町内会・部落会」組織の有力な担い手でもある。「町内会・部落会」組織は、政治・行政過程の末端装置的役割をはたすとともに、住民の相互関係（親睦・祭礼・労力奉仕・相互扶助等）の組織的紐帯をなす。地域指導者層は、共同体的（ムラ的）規制にのりうる「名望有力者型リーダー」である。

**小田**　この奥田の定義によって、また市民や市民参加、市民運動などから見て、町内会や部落会が「崩壊・解体化の対象にすえられるモデル」で、「政治・行政過程の末端装置的役割をはたす」存在として捉えられていることがわかる。

この「地域共同体」モデルに対して、都市化に伴う「伝統型アノミー」モデル、大規模団地社会が例となる「個我」モデル、都市化の成熟に見合った「コミュニティ」モデルが示され、主体的普遍的な特質を備えた「コミュニティ」モデルが自立的なものとして、推奨されるかたちになっている。

これは1970年の東京都八王子市、及び翌年の府中市調査に基づいて出されたモデル設定と抽出ですが、「地域共同体」モデルの定義からわかるように、高みからの視線で、偏見も強い。

**中村**　この時代の岩波書店の講座ならではの視点で、当時の都市の革新政権、市民参加や市民運動をベースにおく共同体論ですね。この流れの中から後の民主党政権が生み出され、これに基づいたから失敗したと考えるべきでしょう。それに「地域共同体」と「コミュニティ」の対比では視点を間違えるし、チャート化は対立と分断をあおるし、今ややってはいけない手法だ。またこの「地域共同体」モデルの記述は、明らかに丸山真男の『日本の思想』（岩波新書）に見られる旧来の部落共同体批判を受け継いでいる。

**小田**　私も同意見です。全国的にみれば、これらの他にもモデルが挙げられると思います。ただ問題なのは都市近郊モデルとしての「地域共同体」の行方であり、その半世紀後はどうなっていたかを我々が体験してしまったことでしょう。でもこれだけは付け加えておきます。「個我」

モデル以外は自治会や町内会が必要だとされていることで、これはおもしろいと思いました。

## 12　自治会の歴史

**中村**　それも含めて実感的にいえば、やはり「地域共同体」モデルから「コミュニティ」モデルへの移行がより重要だと思う。ただ半世紀かかって、行政にコミュニティ課や地域づくり応援課が設けられたにしても、自治会はほとんど変わっていかなかったともいえる。

あなたのいわんとすることはわかりますよ。自治会にしても、町内会、部落会にしても、これだけ社会が産業構造を含め、変化しているのに旧態以前のままなのはどうしてなのか。社会と時代の照り返しをダイレクトに受けて存在しているのだから、それらもふまえて、対談を進めていこうということですね。

それにまったく賛成ですが、私として気になるのは、町内会と自治会の微妙なニュアンスのちがいなのよ。町内会というと、町内のおじさんたちの集まりのように聞こえるけれど、自治会となると、ある組織体の一部分というかたちのようにも受け止められる。だから自治会という名称がいいのかどうか、疑わしい気にもさせられる。

**小田**　かえって町内会のほうが自治的で、自治会のほうが従属的な感じがするというのも逆説的だ、実際に自治会は「地域共同体」モデルではないけれど、地方自治体の手先、もしくは下請けのイメージがあるし、そのように機能していることは否定できないしね。

でも先に確認したように、自治会シェアは町内会よりも多く、3分の1を占めているし、双方、もしくは部落会も含め、三者を使い分けていくことはできないので、ここでは自治会にしぼるしかない。ただ私のイメージと経験からすると『戦後史大事典』の「都市と農村」の分類ではないけれど、町内会は都市や商店街、部落会は地方や農村で、現在の自治会の前身だと考えれば、ここで使用する自治会が両者の歴史をふまえていることも伝わるでしょう。ちなみに拙著『〈郊外〉の誕生と死』の序「村から郊外へ」において、1970年代の変化のひとつが「村は自治会とよばれるようになった」と書いています。

**中村** まあ、戦前の町内会や隣組の解体、自治会という名称も、1947年のGHQのポツダム宣言によるものだし、戦後の町内会や部落会にしても、名前だけがそのまま残ったとも考えられるからね。すでに大政翼賛会は解散となり、そこに自治会という新しいイデオロギーと社会装置が持ち込まれたが、単なる上辺だけの換骨奪胎だったとも解釈できるし、戦前と戦後は一直線につながっているともいえる。

## 13 戦後の教育改革と自治会

**小田** 坂田明雄『地方自治制度の沿革』(『現代地方自治全集』1、ぎょうせい、1977年)を読むと、マッカーサー指令で町内会と部落会は廃止されたはずなのに、講和条約とともに「不死鳥のごとくよみがえる」とある。それも自治会という名前でね。これも忘れないようにしないと。

そのことで、ふたつほど思い出されるエピソードがあります。中村さんは覚えているかな。ひとつは井家上隆幸さんが『三一新書の時代』（「出版人に聞く」16）で語っていた戦後の中学や高校の変化です。

井家上さんによれば、GHQと文部省による教育改革で、中学に民主主義が導入され、その実践が自治会の創立だった。生徒会ではなく自治会で、それが高校、大学へと続いていったそうです。彼が大学に入るのは1952年だから、1940年代後半はそのような自治会モードに染められていたことになる。それは学校のみならず、かつての町内会や部落会にも及んでいたのでしょう。もちろん学校ほどではないにしても。

**中村** 我々は井家上さんと異なり、戦後生まれなので、そうした戦後の40年代後半の社会状況に立ち合っていない。だがすでに中学や高校は生徒会になっていたことからすれば、大学は別にして、都道府県の戦前への回帰の始まりなどの教育状況変化によって、自治会の名称から生徒会へと移行していたのかもしれない。「不死鳥のごとくよみがえる」じゃないけれど。それはともかく、井家上さんの話で、学生運動も大学の自治会をめぐるものだったことをあらためて思い出した。

## 14 吉本隆明『「反核」異論』

**小田** まさにそうだね。それと絡むのですが、ふたつ目は1982年の吉本隆明の『「反核」

異論』（深夜叢書社）にまつわるものです。これは中村さんにとって自明でも、40年前のことですし、吉本も故人となっているので、少しばかり説明が必要でしょう。

**中村**　そのほうがいいよ。本当に時は流れ流れて昭和どころか平成も終わり、令和時代に入っているのだし、それこそフランソワ・ヴィヨンではないけれど、文学も出版も「去年の雪今いずこ《こぞ》」といった社会状況を迎えているからね。

**小田**　吉本の『「反核」異論』は、1982年にドイツ文学者で作家の中野孝次が「署名についてのお願い」と「核戦争の危機を訴える文学者の声明」を『文芸』に発表したことを契機として始まっている。この「反核」運動は予想をはるかに超えて過熱、拡大し、多くの文学者を始め、市民や大衆も含めて盛り上がり、千数百万人の署名へと及んでいった。

そうした状況を前にして、吉本はこの「反核」が「正義」を売り物にした社会ファシズムで、ソ連によるポーランドの「連帯」の弾圧を隠蔽するものだという異論を提出した。簡略な説明で恐縮ですが、それがテーマではないので、これだけにします。

その際に吉本は「この署名が町内の回覧のようにしてきたら、もしかするとだれだって署名していたかもしれない」し、それに「ここの地平」は「非政治的な水準」にあり、署名がただちに「反核」、もしくは「反核運動を発起している諸個人や諸組織を支持している」ことにはならないと述べている。そして「好人物」で「正義」をよそおう中野たちこそが「大政翼賛会」だとも。

**中村**　もちろん私も『「反核」異論』は読んでいるけれど、そうしたディテールは忘れてしまっていた。でも現在に引き寄せれば、福祉ボランティアや年末助け合いの誰も反対し得ないものに自治会が巻き込まれ、何の異論もはさめない環境に似ている。またここでも我々が先にたどってきた町内会と大政翼賛会の関係が「反核」のメタファーとして使われていたのですね。

**小田**　そうなんです。自治会を引き受けるにあたって、まず最初に連想したのが、これなの。吉本からすれば、町内会は「非政治的な水準」にあり、回覧板に署名しても、その背後の存在や組織を肯定していることにはならない。これはこちらに引き寄せていえば、自治会でも赤十字や緑の羽根の募金の回状を出したり、集めたりしているわけだが、それは「非政治的な水準」にあり、背後の団体を支持していることにはならない。これは自治会活動に伴う必然的なダブルスタンダードといっていいかもしれませんが。

## 15　自治会のダブルスタンダード

**中村**　それは自治会が強制加入ではない任意団体であって、会社や学校や役所といった組織ではない。それなのに地方自治体＝市の下請けみたいな恒例の仕事もあり、そうした背理が生じてしまうからだ。個人としてはすべてに賛同しているわけではないが、自治会長としては引き受けざるを得ないことも多々発生する。確かにそれらは民間の任意団体としての自治会が必然的に負ってしまうダブルスタンダードといえるし、その自治会と地方自治体＝市の関係を象徴している。

具体的にいえば、自治会と行政の関係ということになるが、これも入り組んでいて、複雑だし、説明責任を伴わない中間組織や会なども存在する。そのために市会議員に依頼しなければならないことも出てくる。だから自治会長の仕事をそれなりに果たすためには、自治会内の人間関係はもちろんのことだが、行政を始めとする外部の人間関係も築いていく必要にも迫られる。

**小田**　そこら辺は後でうかがうつもりですし、そうした自治会と市の関係を通じて、現在の埼玉県南部と静岡県西部の行政のかたちとその相違も浮かび上がってくるでしょう。しかしその前に、その自治会の出自というか、コアなるものに注視しておくべきだと思います。

それは日本の近代史や戦後史とリンクしていますし、先に自治会が戦前の町内会や部落会の系譜を引きずり、前者は都市や商店街、後者は地方や農村の色彩が強いのではないかと推測しましたが、私のところはまったく後者で、それが1970年代以後、流入人口が増え続け、典型的な地方の郊外社会を形成するに至りました。

**中村**　私のほうは前者ともいえないけれど、やはり都市型郊外社会といっていいかな。

## 16　自治会の出自と差異

**小田**　そうした自治会の差異はその在り方に大いなる影響を与えているし、それも重要に思われるからです。市における自治会は300あるのですが、かつては私のところが農村だったように、山村や漁村も含まれている。だからそのコアは同じように見えても、それぞれ異なっているはずだというのが私の観測です。もっと時代をさかのぼれば、農村は定住民、漁村は海洋民、山村は先住民といったファクターに突き当たるかもしれない。当然のことながら近代化を通じてそれらは混交し、さらに戦後の進行に伴う1970年以後の消費社会の出現によって、市民にして消費者というポジションに至り、それが現在の自治会員の原像ということになる。だから現在からすれば、それらの様々なファクターが錯綜し、混住化して自治会が形成されている。

**中村**　吉本隆明の『共同幻想論』だね。それに柳田国男や宮本常一の視座も加えざるをえないが、どうも常民と自治会員は相性が悪くて、気をつけるべきだ。

**小田**　それは民俗学の常民と現在の自治会員のイメージが結びつかなくなってきているからですが、その出自は無視できないし、祭の存在とつながっている。柳田のことが出ましたし、彼には『日本の祭』（角川文庫）もある。そこで祭と農山漁村の関係にふれてみたい。柳田は言及していないが、屋台を伴う祭を例として挙げておきたい。この屋台と祭は後にふれる自治会費の問題へともつながっていくからです。

私のところは市の南部に位置しているように、東海道線の南側にあり、半世紀前は純然たる農村で、現在の地区自治会も同様でした。先にいいますが、当時はどこも屋台を伴う祭はなく、神社での秋祭といっても、幟を立て、当番の組が重箱に煮染めを用意し、神主がきて神事を行ない、出席者が一献傾ける質素なものだった。

**中村**　それはどこも似たようなもので、葬式だって婦人会が手伝いにいって、煮染めをつくったりしていた。

## 17　1980年代における祭の誕生

**小田**　ところが35年ほど前にそれが変わった。新住民が増え、いずれも我々と変わらぬ世代であったので子供も多くなり、子供のために屋台を作ろうという話が持ち上がった。これも話していくと、長くなりますのではしょりますが、そのようにして屋台を伴う祭に変わった。すると周辺の自治会もそれに影響を受け、現在の地区自治会のすべてが屋台を伴う祭になってしまい、それがいくつかの自治会が合同する一大イヴェントと化し、各自治会にとっても、メイン行事にすえられているわけです。実際に自治会としても、祭典総務長以下の委員を必要とする。

これにはどういった事情と背景があるかというと、駅の北側の商店街には古い神社があって屋台を引き回す祭が行なわれていた。それはさらに周辺の北部の山村、また太平洋沿いの漁村も同様で、農村である私たちの地区にはなかったものだった。これらの祭の起源や歴史にもふれたいが、長くなってしまうので省きます。

ところがそれらを含めて、屋台のある祭を経験している新住民たちが中心となって同世代の旧住民に働きかけ、他の自治会の古い屋台を買うことによって、屋台のある祭が始まっていった。

だから私たちは自治会の祭の誕生とその成立事情を知っているのだが、それを子供の頃から体験している人たちはずっと昔から続いていたと思っている。これはその他の地区の自治会でも多く見られたトレンドで、１９８０年代に各地で起きていた郊外社会の成立と近過去ブームも影響しているのでしょう。

**中村**　昭和の終わりや下町ブームもシンクロしているんじゃないかな。下町といえば、祭がつきもののようにしみこまれているし、歴史もまたそのようにしてつくられていく。

**小田**　そうですね。歴史にはフィクションもつきものですし。とりあえずラフスケッチにすぎませんが、１９８０年代までの歴史をたどってきました。戦前の大政翼賛会の下での町内会や部落会の成立、それが戦後になってＧＨＱのポツダム宣言による自治会の発足、それとパラレルな農耕社会から高度成長期を経ての消費社会と郊外社会化、その中での祭の誕生などで、我々が携わることとなったのは今世紀を迎えてからですが、その自治会の前史はトレースできたと思います。これに戦後の人口増と産業構造の転換を重ねればよりクリアになるでしょう。

## 18　自治会の高齢化

**中村**　あらためて自治会の歴史を確認したことで、小田さんも同じだろうけど、自治会長としての苦労の一端を了解できた気がする。自治会の高齢化と絡めれば、今の高齢者は80代でもぴんぴんしている。それで自治会のことにも口を出すし、地域に貢献しているという自負もある。それでいて惜しまれて死ぬことはまったく考えていない。

**小田**　もうひとつの自治会があるみたいな感じなのでしょう。彼らは子供たちの見守り隊として通学時の横断歩道の旗振りをやっている。そこで誰かがご注進に及ぶんでしょうが、自治会のことが話され、全部伝わり、自分たちの思いどおりにしたくてたまらない。私はそれを仕切りたい症候群と呼んでいるのだが。

**中村**　わかりますよ。どこも同じなんだ。それを考えると、80代の人たちは戦前の生まれだし、大政翼賛会下での町内会や部落会の記憶がしみついているともいえるんじゃないかな。ダイレクトでなくても、親を通じて刷り込まれている。戦後だっていわゆる民主主義的自治会へとただちに転換したわけではないことも自明ですから。

**小田**　それが自治会の歴史にもふれなければならないと思った発端なんです。しかもそれは80代の人たちばかりでなく、市役所という行政機構の中にも残存しているのではないかとも思われたからです。

**中村**　それも間違いないし、自明だと考えるべきだ。

**小田**　そこら辺を確認するために様々な資史料を読みました。最もリアルな第一次資料としては1937年の支那事変以後の国民精神総動員から大政翼賛会に至る流れを追った今井清一、伊藤隆編集『国家総動員2』（『現代史資料』44、みすず書房、1974年）がありますが、これに寄り添うと詳細で専門的になりすぎてしまう。そこでこの対談では伊藤隆監修、百瀬孝著『事典昭和戦前期の日本制度と実態』（吉川弘文編、1900年）、同『事典昭和戦後期の日本占領と改革』（同前、1995年）を絶えず手元に置き、参照しています。

この対談は我々の自治会長経験をベースにするものですが、私の立場からすると、やはり戦後史、戦後社会論の一環として考えたいので、これらを参照しながら進めていきたいと考えています。

## 19　自治会という共同幻想

**中村**　すごいね。『現代史資料』から百瀬孝の両事典にまで、それに先の『戦後史大事典』もふまえてということになる。それならば、『共同幻想論』も挙げたことだし、はっきりカミングアウトしておいたほうがいいんじゃないかな。吉本思想に影響を受けた者が自治会長となった場合、どのように対処したかという対談なんだと。

**小田**　はっきりいいますね。実はそういうことなんです。あなたは私より実務家だから、そうは思わなかったでしょうが、私の場合、副会長を引き受けた時に味方がほとんどいなかった。そのためにこちらが提示する新たな自治会のイメージにどれだけの自治会員を取り込めるのかが課題となったわけです。いってみれば旧来の自治会の共同幻想を新たな共同幻想へと転換させようとする試みに向かわざるを得なかった。それは自治会が政教分離となっておらず、旧来のままで引き継がれてきたからです。

もちろん私にしても中村さんにしても、自治会活動においてジャーゴンやカタカナ用語をまったく使わないことが原則ですし、あなたからは四字熟語の禁止もいわれていまして、自分の日常の言葉と行動、それによって生じる新たなイメージの成立の行方が問題だと思いました。それは外部の市役所や職員に対しても同様だった。

## 20　自治会と家族制度

**中村**　そうすると、この自治会をめぐる我々の対談は今までなかった時宜を得た本として迎えられるかもしれない。もっともこれからの話次第ということにもなりますが、私もかつてないイントロダクションだと考えている。

実は私のところにも、小田さんと共著を出すようだが、テーマと内容は何なのかという問い合わせが届いている。それで新たなコモン論だと伝えておいた。自治会とは何かじゃ、それこそ我々のイメージにそぐわないと思うから。

それとこの頃気になるのは、エマニュエル・トッドのことで、彼のいう家族制度の問題です。新著の『大分断』（大野舞訳、ＰＨＰ新書）を例にとると、彼はそこでこういっている。

民主主義には家族構造に由来して三種類あり、それは「フランス・アメリカ・イギリス型」「ドイツ・日本型」「ロシア型」に分けられる。「フランス・アメリカ・イギリス型」の場合、フランス革命が起きた時の主体となるパリ盆地の農民は核家族で個人主義、そこから生まれた価値感が自由と平等だった。また成人した子供は親から自由で、兄弟間の平等主義もあり、それをベースにして識字率が向上し、その平等と自由は普遍的な価値感となっていった。

「ドイツ、日本型」の民主主義の場合、日本の家族は直系家族構造で、長男が父を継いでいく。ここでの基本的価値感は自由と平等ではなく、権威の原理と不平等です。両親の代がその下を監視する意味での権威主義と子供に平等な相続権がないことから不平等が生まれ、識字率の向上によって明らかになった価値観が権威の原理と不平等だった。軍国主義とはその体現で、ドイツも同じだった。

「ロシア型」の民主主義の基礎にある価値感は中国と同じ権威主義と平等主義で、伝統的宗教の崩壊が起き、共産党が生まれた。現在ロシア人たちは投票するようになったが、一斉にプーチンに投票していて、これは権威主義と平等主義に合致した新しいタイプの民主主義で、一体主義的な民主主義だ。

一般的には日本の民主主義もアメリカ、イギリス、フランスなどと同類に見なされるが、慣習的な観点からみると、交代制民主主義とまったく異なり、自民党が長年にわたって政権を握ることが可能となる。その後はトッドの言葉をそのまま引いてみます。

「そこには本来権力の正当性を担保するためのデモス（人民）という存在がありません。そのために人々はなかなか政権を変えようとせず、支配的な党が存続し続けるのです。」

**小田**　なるほど、自治会は「政権」や「支配的な党」は存在しないように見えるけれど、「交代制民主主義」は根づいていない。権威主義は戦前の大政翼賛会がそうだったし、それが21世紀となっても変わっていなかった。これまでを踏襲することが善という意識が問題で、それで我々が苦労したことになる。

## 21　映画『愛の不時着』

**中村**　そういうことですね。比較する意味で、「フランス・アメリカ・イギリス型」と「ロシア型」の民主主義も挙げておきましたが、自治会があるのは日本だけなので、これらと比較することはできない。

**小田**　フランスにはコミューンがあるけれど。

**中村**　そのコミューンは小さな自治行政区を意味するもので、自治会とは異なる。映画だとジャン・ギャバンみたいな人が代表を務めていたりする。

**小田**　映画で思い出したけど、ネットフリックスの韓国映画『愛の不時着』はヒロインが竜巻にあって北朝鮮に不時着し、国境に近いらしい村にたどりつき、そこでの生活が描かれていくのだが、それこそ大政翼賛会の下での隣組があるような設定になっている。確か近年の研究によれば、金日成による北朝鮮は天皇制下の日本をモデルとして形成されたとの説もあるので、そのような町内会ならぬ村内会があってもおかしくはない。また『愛の不時着』は多くの脱北者の証言に基づく脚本、映画化だとされているので、それは北朝鮮の現実なのかもしれない。

**中村**　それならば、自治会は日本だけでなく、北朝鮮にもあるということになるのかな。

**小田**　そうか、中村さんは見ていないんだね。ぜひ観て確かめて下さい。

さてイントロダクションがこれ以上長くなってはいけないので、自治体の具体的な仕事や目的などに入っていきましょう。ただこれは当然のことながら静岡県西部と埼玉県南部のちがいもありますし、とりあえずは私のほうから提出し、それをあなたが補正するかたちで進めていく。それでどうでしょうか。

**中村** それでかまわないよ。すでにシノプシスは事前に届いているから。

## 22 行政による自治会定義

**小田** まず市のほうが出している自治会の定義を示します。これは『自治会長コミュニティハンドブック』における記載です。

自治会とは、子どもからお年寄りまで安心して暮らせる地域にすることを目的として、一定の区域に住む住民相互により結成された任意団体です。

たとえば、防犯・防災・交通安全などの活動は、一人ひとりの力で実施することは難しく、地域全体で取り組むことによって、より効果的にまた効率的に実施することができます。また、そのような活動をとおして、顔の見える関係ができ、日頃から隣近所同士の声かけや助け合いなどで安心した生活を送ることができます。

地域の課題を地域自ら取り組んでいくことが、明るく住みやすい地域づくりにつながります。災害発生時などいざというときにも、その力が発揮されることとなります。

まあ、公的見解というべきもので、これはどこの『自治会長コミュニティハンドブック』でも同様でしょう。これに則って、具体的な活動が挙げられています。その言葉や用語、コンセプトに対して、違和感があり、異議を覚えるので、アレンジして示すことも考えたのですが、あえてそのまま提出したほうがよいと判断しました。行政がまさに上からの視線で、自治会に望んでいることがあからさまに表出しているからです。

1　自治会・地域で抱える地域課題の解決

■地域課題のとりまとめや行政への要望

■顔の見える関係づくり

2　回覧板の回収

■「広報」や市からのお知らせ、その他暮らしに必要な情報紙等を配布・回覧

3　住環境の維持管理

■排水路の清掃や河川・道路・公園などの草刈り

■ごみ集積所の設置や維持管理

■道路や排水路の補修が必要な箇所のとりまとめと要望書の提出

4　防犯・交通安全活動

■不審者情報の周知や見守り活動、防犯パトロール、交通安全キャンペーン
■防犯灯の設置や維持管理
■各種啓発活動や危険箇所の把握と対策

5　自主防災活動

■防災訓練の実施及び各種啓発活動
■防災倉庫の維持管理
■避難行動要支援者の把握と支援

6　地域の親睦を深める活動

■お祭りや体育祭、各種スポーツ活動、レクリエーション活動を実施

7　集会所などの維持管理

■公会堂など集会所の維持管理、自治会掲示板の維持管理

8　福利厚生

■慶弔費、集会所などで行う通夜や葬式などの手伝い

9　その他

■各種委員や選挙立会い人などの人選・推薦
■国勢調査などの各種調査への協力

■民生委員等との連携
■社会福祉活動（敬老会、赤い羽根共同募金など）の実施・協力
■居住者の把握、見守り、見回り
■地域のまちづくり活動や行政への協力

## 23　行政の下請けとしての自治会

**中村**　私のところも大体同じだね。でもあらためてこれを読んでみると、行政が自治会に何を望んでいるのかがよくわかる。あなたのいう消費社会化、社会の第三次産業化時代を迎えて久しいのに、ここに表われているのは行政の下請けでしかない自治会の姿に他ならない。私は百貨店に長くいたので、消費者という存在を抜きにして現在を捉えることができない現実を知っている。それゆえにそうした社会の組織図は消費者が上にきて、その下に第三次産業が位置することは自明だった。

ところがこの「具体的な活動」の示しているのは「地域課題の解決」「配布・回覧」「維持管理」「把握と対策」「啓発活動」「支援」「提出」「協力」などの用語に象徴されているように、自治会員＝市民が下にいるという「お上」の発想があからさまになっている。

**小田**　それだけでなく、自治会の役員や委員の設定や役割も、これに基づいて出されているとわかる。具体的に例を挙げてみます。

1と2は自治会長と副会長、民生委員と福祉委員、3は衛生委員、4は防犯委員と交通安全委員、5は防災委員と消防団員、6は体育委員、7と8は自治会です。これに市による行事として繰り込まれているのは3の環境美化運動、5の防災訓練、6の敬老会などがある。

つまり自治会どころではなく、手取り足取り監視指導されていて、小中学校と変わらない。あなたが以前に自治会員を生徒の比喩で語ったことがあったけれど、行政が市民をどのように見ているかが歴然だし、その仕事を自治会に下請けさせている。そのくせ、これらの「具体的な活動」を挙げた後で、次のように続けている。

自治会の果たす役割は大きく、その活動を地域住民に知ってもらう活動も必要です。一方で少子高齢化やライフスタイルが多様化する中、役員のなり手がない、不足していることは多くの自治会の課題となっています。

自治会長等の特定の役員の負担を軽減するとともに、今の時代に理解される自治会運営・活動をすることが自治会に求められています。だれもが安心して暮らせる地域を目指して、自治会がどうあるべきか考えるときが来ています。

## 24 地方自治体のエトスと体質

**中村** 「少子高齢化やライフスタイルが多様化する中」で、大政翼賛会下の町内会や部落会と変わらないような「具体的な活動」は「自治会長等の特定の役員の負担を軽減する」どころか、増大させるばかりなのに、「今の時代に理解される自治会運営・活動をすることが自治会に求められています」とは笑ってしまう。

本当に5年の長きにわたって自治会長を務めた身からすれば、腹が立ってくる。さすがに私のところは表現や用語がここまであからさまではないので、そこまでは思わなかったが、これも地方自治体の市町村どころか、県としてのエトスや体質とも表われているんじゃないかな。

**小田** それは大いにあると思うよ。それは自治会の出自がどこにあるのか、都市なのか商店街なのか、それとも農村、漁村、山村だったかによっても作用されている。それからその地方特有のエトスや体質、リーディング企業の性格などもつきまとっているだろうし、本当に考えさせられるというしかない。

**中村** でも基本的には自治会員を主役とする自治会運営をめざすしかないし、小田さんも私もそうやってきたわけだけど、色んな組織や団体も絡んでいて、そのことも理解しなければならない。

## 25 自治会関係チャート

**小田** それもよくわかるし、先に中村さんがいった第三次産業社会における自治会と市役所の関係チャートを示しながら、そのことを説明しておいたほうがいいし、これを自治会長をやってみてわかったことだから。

**中村**　つまりまず自治会員から始まるチャートということだね。

**小田**　だから自治会員を上に置いている。『自治会長コミュニティハンドブック』に示されていたのはこの逆のチャートなので反転させてみた。中村さんのところの市の自治会担当はコミュニティ課、私のほうは地域づくり応援課で、名称は異なっているけれど、機能は同じと見ていいのだが、それでも一応確認させて下さい。

こちらの市の人口は平成の大合併で1市4町村が一緒になったことで17万人を超え、自治会は300を数え、それぞれを単位自治会と呼び、地区自治会はこの単位自治会を小学校区などでまとめたもので、私のところは9自治会で構成され、その中に自主防災会も含まれている。

**中村**　私のところは841自治会、そのうち区の自治会は83、地区自治会は47になるから、似たようなものだ。ただ私のほうは同じ市内であっても、転居を重ね、通った小学校区に住んでいないので、小学校時代の同級生と再会したりはしない。でもあなたは結構あるんじゃないの。

**小田**　確かにそうで、我々の世代が自治会長となっているのは小学校区でも同じなので、小学校の同級性がいたりする。そうじゃないかと思っていると、向こうのほうから俺のことを覚えているかといってきたりする。双方が半世紀以上会っていないにもかかわらず、すぐにわかってしまう。昔は鼻をたらし、よれよれの学生服の袖でふいていたので、そこにいつも白くなっていたことを想起してしまった。ところが後日談があり、何日かして自治会の用事にこじつけ、高級車

## 自治会関係チャート

| | |
|---|---|
| 自治会員 | 所在所 |
| ↓↓↓↓ | |
| 自治会（単位自治会） | 各自治会施設 |
| ↓ | |
| 地区自治会<br>交流センター（公民館）<br>地域づくり協議会 | 交流センター |
| ↓ | |
| 自治会連合会 | 地域づくり応援課内 |
| ↓ | |
| 地域づくり応援課 | 市役所 |
| ↓ | |
| 市役所 | |
| | |
| 外部団体 | |
| 社会福祉協議会 | 市役所別館内 |
| 消防団 | 消防団分団事務所 |

に乗って訪ねてきた。きっと羽振りのよいところを見せつけようとしたんだろうね。本当によかったなと思ったりする。

でもその一方で、やはり同級生が昨年自治会長をやっていたが、急逝したなどという話も伝わってきて、顔を思い出し、身につまされることもある。自治会長を引き受けることで、思いがけずに悲喜こもごもの感を覚えた。これは予想外だった。

**中村**　ただ自治会長をやっていると、自治会内の葬式には参列しなければならないので、死と残された家族の人たちのことを考えることが多い。まあこれは我々の年齢のこともあるのだが。

**小田**　祭はフィクションだとしても、死はそうではないからね。私も2年間でどれだけ葬式に出たことか。ちょっと話がずれてしまったので、自治会関係チャートに戻ります。

**中村**　この交流センターというのは公民館やコミュニティセンターをさし、その活動を総称しているんでしょう。

## 26　交流センターとは何か

**小田**　この交流センターの名称はまだ新しく、2015年に発足している。以前の「地区活動の拠点施設」としての公民館業務が交流センターの名前で運営されていることになる。業務は「地域づくり活動の支援」「福祉や防災、子育てなど地域で支えあう体制づくりの拠点」「講座やサークル活動を通じての地域の人材を発掘・育成」とある。また「地域活動拠点施設」の他に、

「生涯学習の推進」「地域づくり活動支援」「行政の身近な窓口」が謳われていて、市内に23の交流センターを見出せる。

具体的にいえば、自治会文書の1円コピーや施設や部屋の貸し出し、様々な講座やサークル活動の支援などです。

**中村**　それらはこちらでいえば、公民館業務に当たるものだし、交流センターの2015年発足とは市町村合併の反映だ。結局のところ、佐々木信夫『市町村合併』（ちくま新書、2002年）に示されているように、市町村合併の目的は「行財政基盤の強化」と「行政サービスの効率化」に尽きてしまう。合併に伴う市の職員と議員の半減は「行財政基盤の強化」、「行政サービスの効率化」は行政業務の民営化に当たるのではないかな。それに基づく「強化」と「効率化」という名のマニュアル化であり、かえって市民にしわ寄せがいく。つまりそれは市民によるセルフサービス化を意味している。マクドナルドやコーヒーチェーンなどの顧客によるセルフサービスを考えればわかるでしょう。消費者はお金を払う客なのに、注文、運び、かたづけなどをセルフで行なっている。それは高度消費社会のシステムの刷り込みともいえる。

それと、曽我謙吾『日本の地方政府――1700自治体の実態と課題』（中公新書、2019年）の1章が「行政と住民――変貌し続ける公共サービス」となっていて、色々と教えられた。今世紀に入ると、公共サービスや公益事業が民間企業、NPO、PFI（Private Finance Initiative）を始めとする官民協働方式が導入されてくる。そうした流れが自治会関連にも応用されたことも大きいんじゃないかな。例を挙げれば、ＰＦＩと指定管理者制度がツタヤ図書館を生み出した。

## 27　地域づくり協議会とは何か

**小田**　なるほどね、行政もそうした動向を見習い、自治会にも応用しているわけか。実はこの交流センターの発足とともに地域づくり協議会がスタートしている。その定義を引いてみます。

少子高齢化や人口減少、生活様式の変化などにより、単位自治会や各種団体の担い手不足、活動の負担増加といった問題が増えています。そこで、地域のマンパワーを結集して地域課題の解決に取組んでいくために、概ね小学校または中学校区域に「地域づくり協議会」が設立されています。地域づくり協議会では、地区活動の共有化をはかり、効率的かつ効果的な活動方法を検討し、地域力の維持・向上による誰もが安心して暮らせる地域を目指しています。

そして４つの「設立の目的」が挙げられているので、それらも示します。

1　地域活動の企画と運営――広域的な地域行事及び事業の実施、一括交付金の有効活用。
2　自治会長の負担軽減――全て把握の時代から役割分担の時代へ、総会や会議回数の見直し。

3　地域活動の効率的・効果的運営——地区活動や団体活動の事業や予算の見える化、事業や予算の集約、整理。

「地域事業例」——文化祭、交流センターまつり、納涼祭、敬老会、運動会、防犯活動、交通安全運動、登下校見守り、防災活動、美化活動、青少年健全育成活動、子ども会活動、高齢者サロン、健康維持活動。

4　地域活動参加者の協力体制構築——役員経験者、センター利用者、ボランティア活動者、女性、若者等の社会活動参加希望者の活用

「参考対象者」——地域・単位自治会等から選ばれている役員（行政選出・地域選出問わず）、自治会長、自主防災会長、防犯委員、交通安全委員、青少年健全育成委員、福祉委員、保健委員、環境美化指導員、子ども会役員、女性防火クラブ委員、民生・児童委員、主任児童委員、保護司、地域安全推進委員、少年警察共助員、環境委員、体育委員、シニアクラブ委員、祭典委員、氏子総代など。

**小田**　中村さん、どう思いますか。

**中村**　こちらは今のところ、ここまで統合はしていないが、いずれ行政はこの形態にしていくと思う。この問題丸投げ支配構造こそは行政効率化というのと同義だね。何か地域自治会、住民

総動員計画みたいなイメージだね。私のところは半分都市型だから、ここまではできない。これを始めたら自治会を退会する住民が増えると思う。そして相変わらず市と市民の平等な関係ではなく、行政と住民の上下関係が反映されている。

## 28　丸投げされる地域づくり業務

**小田**　それに問題なのは地区自治会と交流センターと地域づくり協議会が一体化されていることで、そこに市の地域づくり業務が丸投げされているといっていい。先に『自治会長コミュニティハンドブック』における自治会の「具体的な活動」を挙げておきましたが、それらがここに集約されたかたちとなっている。また「自治会長の負担軽減」「地域活動の効率的・効果的運営」どころか、逆であって、まともに受ければ、とてもこなせないし、自治会長専従の上意下達の日々となってしまう。

しかも地区自治会（自主防災会）の役員とは単位自治会長、もしくは経験者から選出され、事務局は交流センターに置かれる。地域づくり協議会会長も同様で、事務局長は交流センター長が兼任し、二人の事務員を事務局員として構成する体制だ。この所長は公募で選ばれているらしい。

地区自治会と地域づくり協議会は「規約」があるので、読んでみると、後者には「本会に、運営委員会、理事会及び自治会長会を置」き、「自治会長会は正副地域づくり協議会長、自治会長及び交流センター長で構成」とある。地域づくり協議会構成団体として、その地域の地区自治会の他に各部会、委員会、消防団、社会福祉協議会、幼稚園から大学までの学校とPTA、病院や交番まで見出される。それから地域づくり協議会「運営組織団」もあり、それは同会を上にして自治会長会が下に置かれ、様々な活動や組織が網羅されるものになっている。このようにチャート化してみると、半官半民の組織である地域づくり協議会が地区自治会を代表するかたちで、自治会活動を管理していることが浮かび上がってくる。

**中村**　半官半民といえば、社会福祉協議会や消防団もそうだし、それが地域づくり協議会に集約されていることになるし、市による見事なまでの丸投げだ。

**小田**　しかもそれには金も絡んでいる。地区自治会は自主防災会費も含め、会費は戸数割で年間一戸あたり340円、地域づくり協議会は持家1300円、アパート700円を徴収し、後者は450万円近くに及んでいる。また市の一括交付金として、630万円が計上され、それが様々な活動事業費、補助金へと使われていっている。だから地域づくり協議会に各事業活動費や補助金も丸投げされている。それで自治会の防災用品費が交流センターから支給される理由がわかるわけです。先に示した「一括交付金」で、それは「自分の住んでいるまちや地域を住みやすくする課題の解決や地域の文化、自然環境を生かす事業など様々な地域活動を実施するのに必要な経費の一部を交付するもの」とされ、市から協議会運営や活動の実施のための必要経費と称されている。

市による「一括交付金のイメージ」チャートも挙げておいたほうがいいでしょう。

## 一括交付金のイメージ

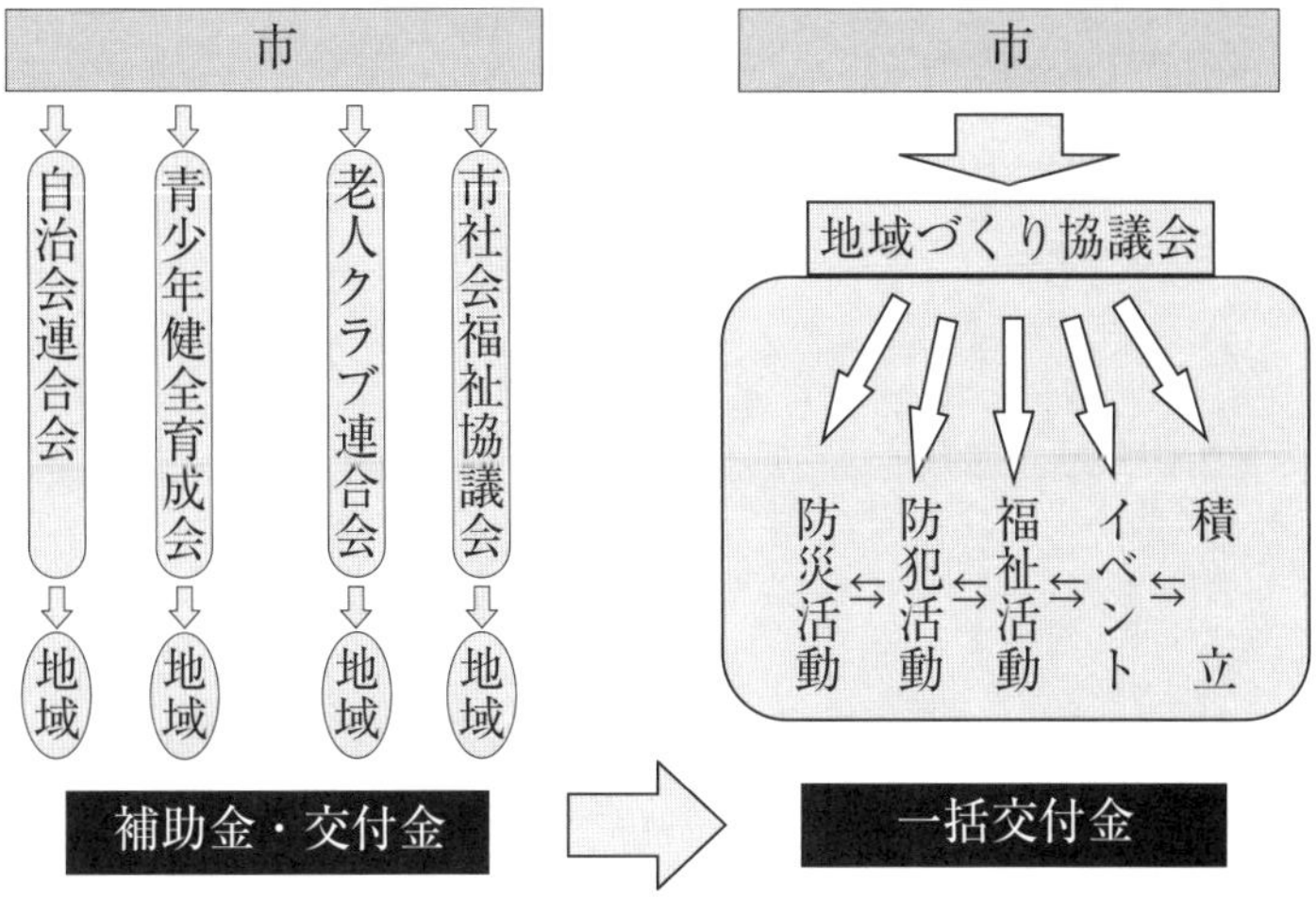


**中村**　このチャートは市と地域づくり協議会の活動を象徴的に物語っている。またあなたがつくった「自治会関係チャート」と逆で、市が上になっているし、その交付金にしても市民の税金によることが示されていない。でも補助金と交付金を一括交付金として、地域づくり協議会に丸投げした「イメージ」だけは伝わってくる。

　以前には自治会連合会などを通じて地域へと補助金や交付金がわたっていたことになるが、自治会連合会に関してはどのように説明されているのかな。

**小田**　これは組織図、規約などから判断すると、市における３００の自治会の連合組織で、自治会と行政の連絡調整役とされるが、様々な活動内容からすれば、地域づくり協議会のバックヤード的役割を占めると考えられる。その事務所が市の地域づくり応援課に置かれていることも、これらの事実を裏づけている。

ただ気になるのは会費が170万円、交付金が750万円ほどあり、支出として事業活動費が500万円計上しているので、やはり地域づくり協議会の事業費と同じような使われ方をしているのでしょう。

これでざっとですが、「自治会関係チャート」の説明を終えます。どう思われましたか。

**中村**　まず先に確認しておきます。自治会連合会は上部団体ではない。単位自治会を基本にした、あくまで親睦組織とすべきだ。つまり単位自治会の供出金で運営されるかたちでなければならない。

それから300の自治会のうち法人化されているのはどれほどなのかな。法人化に関しては後でまとめてふれることになると思いますが。

**小田**　3分の1の100です。本来であれば、自治会の法人化を伴う改革をベースにして、地区自治会、自治会連合会、市の行政システムが変わっていかなければならないのに停滞しているのではないかと考えているんでしょう。

**中村**　それもあるけれど、これまで話してくれた地区自治会、交流センター、地域づくり協議会が三位一体となった地域活動は盛り沢山すぎて、関係者全員を総動員させるようなものとして提出されている。これでは関係者全員を疲弊させてしまう。行政の一律効率化は自治会の疲弊化につながっていく。

## 29　体育の集い

**小田**　そうなんだ。それもひとつの行事に事前に準備と打ち合わせ、本番、反省会などがセットされているので、あまりにも拘束される。また年に12回の自治会長会に加え、各種の委員会、理事会、いくつものイベントがあり、これらにも出なければならない。私などは参加できないからといって断わることができるけれど、他の自治会長は選択の余地がないと考え、受けるしかないというのが実状になっている。

例えば、地域事業として運動会と挙げておいたが、これはどの自治会長でもやりたくはない。ところが自治会と地区自治会、地域づくり協議会の年間行事予定の9月のところに「体育の集い」がしっかり組み込まれている。確かに私が小学生の頃の運動会は映画『無法松の一生』ではないけれど、地域の人たちも参加し、子供から大人に至る部落対抗の分団リレーなどもあって、ひとつの祭だったことを認めるにやぶさかではない。しかしそれは娯楽が少なかった時代のことで、貴重な日曜日を体育の集いなんかでつぶしたくない。

だから出たい人はいないし、組長も頼み難いので自分がいくつもの競技に出ることになる。でも組長も高齢化しているので、転んで怪我でもしたらどうするんだという心配も生じてしまう。もちろんテントの事前用意と組み立て、出場者の世話をする体育係も大変だし、関係者で喜んでいる人はいない。

まさか中村さんのところはやっていないよね。

**中村**　いや、地域連合自治会で運動会はやっている。ただ単位自治会がいくつかまとまってブロック連合をつくり、それを単位として年1回実施している。でもそこまでやったら、自治会長は総すかんを食うだろう。でもそれはすべての地区自治会で行なわれているのかい。

**小田**　いや、さすがにそれはない。周辺の地区自治会でもとっくに止めている。自治会員でも出る人がいないし、もはやそんな時代ではないことを自覚しているからだ。ところが地域づくり協議会長や事務局長を兼ねる交流センター長はやりたくてたまらない。私が自治会事情を話し、どうして止めないのかと問うたところ、競争や競技ではなく、全部リクレーションなのでいいではないかという答えが返ってきた。現実認識のギャップというのは恐しいもので、イベント主宰者の側に回ると、所謂高齢者仕切りたい症候群ではないけれど、大勢を前にして壇上で挨拶したりすることに快感を覚えるんだろうね。

幸いにして、コロナ禍もあって、それらのスポーツにまつわる行事は中止になりましたが。

**中村**　ということは地区自治会の行事やイヴェントも地域づくり協議会長や交流センター長の意向が強く反映され、決まってくるのかな。

## 30　行政からの事務委託

**小田**　一般的な自治会のイメージ、機能としては市の「事務委託」がメインだとされ、ある調査によれば、自治会の90％がそれらを担っているので、上位7つを具体的に挙げてみます。

＊各種募金への協力依頼
＊連絡文書印刷物の配付
＊区市町村の広報誌の配付
＊自治体が主催するイベントへの参加協力
＊リサイクルの協力依頼
＊自治体及び住民相互間の連絡事務
＊各種調査

**中村** 我々にしても、自治会役員を引き受ける前はこれらの「事務委託」をこなせばいいと思っていた。ところが実際にはこうした行政補助仕事の他に、防犯や環境整備が加わり、そこまでやらされるのかと気づいた。

しかし小田さんのところの話を聞くと、市と自治会員の関係が小中学校の教師と生徒のようでもあり、そこまで管理と指導をする必要があるのかと思ってしまうし、それに従ってしまう自治会も問題だね。

**小田** それはまさに実感している。それに市に対しても、自治会に対しても、自治会は役所や学校や会社ではなく、任意団体だとことあるごとにいっているけど、これがまったく通じないことも問題なんだ。

**中村**　さっき法人化のことが出たけれど、地方自治法260条に地縁による団体、すなわち自治体法人化の認可に関して次のようにいっている。「当該認可を受けた地縁による団体を、公共団体その他の行政組織の一部とすることを意味するものと解釈してはならない」と。これは自治会と行政組織の一部と見なすことはできないと解釈してもかまわないし、あなたのところは逸脱していると考えるしかない。

**小田**　そのとおりだが、300自治会のうち法人化しているのは100だけで、自主的に法人化したのは半分にも満たないいんじゃないかな。多くは公会堂の新築、それに伴う助成金申請、公開地の払い下げが絡んでいると推測される。つまり新しい公会堂や払い下げ地の登記が必要となることもあって、市の指導により法人化された。もしくは自治会内に大きな商業施設ができたとすると、その対応の問題から法人化に向かった。いずれにしても、市の主導下にあり、自立した自治会をめざしてという意図はほとんどなかったはずで、現在の自治会をめぐるシステムがそれを象徴している。

**中村**　この法人化については我々のところもそうしたし、当事者として体験しているので、実際に、地方自治会260条も示し、後でふれることにしよう。

それとできたら、「交付金」も取り上げたいね。これが市、連合自治会、地区自治会、単位自治会、自治会員の間を流れるというか、つないでいる血液のようなものかもしれないし、実際に行政組織、団体、自治会をつなぐ大きな役割と機能を果たしているからだ。あなたが先にいった所謂「上納金」と「交付金」のからくりもあるし。

それに関連して、いつも出てくるのがニンビー施設（原発、ゴミ処理場、葬儀場など）をめぐる交付金問題で、我々が自治会長をやっていた期間は商業施設や大工場を含めて、そうした大開発、誘致はなかったけれど、もし大きな交付金、地元における大雇用も絡むと、想像する以上に地域ぐるみの政治問題にまで発展していったであろうから。

**小田**　そうしたことが起きると、何が出てくるのか想像に難くないよ。これは10年前のことだけど、近隣にゴミ処理施設場が設置された。私のところはダイレクトに近接していなかったのでそうではなかったが、周辺の自治会には1千万円の交付金が出されたようです。それを公会堂改築に使ったという話も聞いている。ただそのケタがちがうとどうなるのか。1960年代の高度成長期から70年代の田中角栄の『日本列島改造論』ブームの時代にかけては全国各地で様々な開発や土地買い占めが起きていたので、市から自治会に至るまで巻き込まれていたことは疑いを得ない。

私は自治会においても先住民のポジションにいるので、それを話していくときりがないほどだ。

## 31　自治会事始め

**中村**　それはあなたの『〈郊外〉の誕生と死』や『郊外の果てへの旅／混住社会論』を読めばよくわかる。でもここでは自治会がプロパーだし、それこそ具体的に始めることにしようよ。まずそちらのストーリーから語って下さいよ。

**小田**　味方が一人もいない状況の中で、会計を兼ねる副会長を引き受けたことはすでに話しました。そこら辺の経緯と事情にふれておきますと、本来であればやらなければならない人物が家庭事情もあってできないということにより、他の人物に代わってもらい、自治会長になったら私がその補佐をすると約束してあったからです。

**中村**　それなら準備期間はたっぷりあったわけだ。ところが何の心構えもできず、始まってしまった。

**小田**　よくわかったね。

**中村**　私もそうだったからだし、あなたにしても、ぶっつけ本番で三振かホームランかというタイプなのは知っているから。

**小田**　それで苦労することになってしまったのです。以前に組長も経験していたし、そのことから推測すると、先に挙げた市の「事務委託」と秋祭りがメインで、何とかなるだろうと考えていた。ところがそれが大外れだったし、予想外に複雑になっていたのである。それらをわかりやすいようにリストアップしてみます。

1　東日本大震災と原発事故以後の防災訓練などの広範な導入。
2　地区自治会、地域づくり協議会、交流センターの三位一体化による自治会活動の拡大。
3　10棟以上のアパート、マンションの増加。
4　自治会エリアには1200人、600世帯が居住しているが、自治会加入は250世帯、700人であることの認識不足。そのうちの160人が外国人。
5　自治会年間スケジュールに宗教行事が組み込まれていること。
6　神社と祭典問題。
7　自治会員の高齢化と少子化。
9　無人アパマンと空き家問題。
10　ゴミ問題。
11　会計のエクセル化とその実務。
12　「規約」の旧態依然と不備。

これらに加えて、5に見られるように所謂「政教分離」がなされておらず、12に象徴されているように、実質的に総会は開かれていないし、一部の旧住民高齢者の意向を強く反映した自治会のままで維持されてきて、新住民の不満もたまるばかりの状況に置かれていた。

まだその他にもあるのだが、それらは関係者のプライバシーにもかかわるので、ここではあえて取り上げない。

**中村**　こうしてそちらの事情をあらためて聞いてみると、やれやれというしかない。自治会の規模にしても、抱える問題にしても、私のところの比ではない。

## 32　会計と自治会長の兼任

**小田**　それだけでなく、副会長兼会計を引き受けた矢先の5月に自治会長が病気で入院してしまった。そうした場合に後任、もしくは代役を立てるというのはこれまでなかったので、私がそれを代行するしかなく、実質的に自治会長も兼ねることになってしまった。

**中村**　でも法人化していたら、それはできない。会計と自治会長の兼任は不可となっているからだ。使い込みも可能になってしまうしね。

**小田**　私も副会長を引き受けると、来年自治会長となることも承知していたし、それに当たって原則として、密室でものを決めない、できるだけオープンにして進めることを課題としていた。それもあってよくないとは思いつつも、一旦役員を決め、スタートしたばかりで、私のほうからもう一度選考をとはいえない。結局のところ兼任するしかなかったわけだ。たまたまもう1人の広報と防災会長を兼ねる副会長は旧住民の幼馴染で、気心もよく知っていたから、とりあえず2

人でやってみることにした。

**中村**　しかしあなたは自分の仕事も多く抱えているし、自治会の規模からして、私のところの倍以上なんだから2役をこなすのは、とても無理があるでしょう。

**小田**　そのとおりです。それで妻にお願いし、会計実務兼連絡係を頼み、2人で4人分働くようなかたちで始まっていった。中村さんからは自治会長の仕事に意欲的に取り組んでいることを聞いていたし、会う機会があっても、今日はお通夜だとか、明日は総会だとかの話も出ていたけれど、まさか私が続くとは思ってもいなかった。よく考えてみれば、それが当然だったにもかかわらず。

**中村**　確かにそうだね。あなたは旧住民という立場からすれば、私以上にそうした役を務めなければならない。ただこれから自治会の仕事のディテールを話し合っていくのだが、東日本大震災と原発事故、それと平成大合併以後は地方自治体の内実も変革を迫られ、それがめぐりめぐって自治会と自治会長の仕事へと還流し、影響を及ぼしたことも事実でしょう。だから我々が体験したのはポスト東日本大震災と原発事故、平成大合併の自治会と自治会長で、それ以前はかなり異なるというか、もう少しのんびりできるものだったんじゃないだろうか。

**小田**　ナオミ・クラインの『ショック・ドクトリン』（岩波書店）ではないけれど、大震災や大事故、大変革を機として社会の管理体制が推進強化されていく構図が自治会や自治会長の仕事にも反映されるという現実も考慮しなければならないと思う。

**中村**　それらはひとまず置くとしても、現実的にはどうだったの。私の場合はゆっくりとはいわないけれど、副会長を2年務めた上で、自治会長を引き継いだのだが、あなたはいきなり両者を兼ねることになったわけだから。

これも初めて聞くけれど、何から始めたのですか。

## 33　自治会費のこと

**小田**　それは自治会費の集金からで、この会費と集金を通じて、自治会の経済とその内実に向き合うことになった。

まずは自治会費ですが、これは一世帯当たり1万4000千円です。

**中村**　それは高いね。私のところは年6000円で、月500円ということになる。

**小田**　高齢者や寡婦となった一人暮しの身には自治会費が高いとの声も上がっていたので、市の自治会費の水準を調べてみた。すると安いところで1万2000円、高いところだと4万円近くになる。だから1万4000円は周辺の自治会費と比べて高くないと見なせるのだが、寡婦となった人の自治会費免除の件について、自治会としては総会の合意を得てからの決定にするとの返事をしておいた。

**中村**　年6000円でも払えない人もいる。正直いって専業主婦で年金暮らしだったおばあさんが一人住まいだとそれでも高額だ。わたしのほうも免除規定がそれまでなかったので、その項目を設けるところから始めた。これからは高齢化でもっと出てくるだろう。

**小田**　ついでだから、そのことに関する事柄も話してもいいかな。

**中村**　かまわないよ、続けて下さい。

**小田**　地区自治会で、高齢者の自治会費免除に関して尋ねてみた。そうしたら地区の特色もあるのか、そうした例はなかったようで、ある自治会長は年をとればとるほど自治会に世話になるのだから、自治会費は払うのが当たり前だとのたまわった。

**中村**　典型的な勝ち組高齢者の上からの目線だ。

**小田**　それでは話にならないので、さらに聞いたところ、法人化したばかりの自治会長から高齢者から自治会費免除依頼があった場合、総会での了承を得て認めるということになっているとの発言を得た。それで私の自治会のほうもそうすることにした。

**中村**　それでも総会でオープンにしてしまうのは行き過ぎじゃないかな。できれば役員レベルで決めたほうがいいと思う。自治会費免除の件はどこにでもある話だから驚かないけど、4万円近い自治会費というのは高額すぎて、免除どころの金額ではない。どうなっているのか。

## 34　祭典費のこと

**小田**　これもそこの自治会長を経験した友人から聞いた話なんですが、そこは前に話した太平洋に面した漁村兼港で、屋台がとても立派で、長きにわたる屋台のある祭が伝統となっている。

祭のＤＶＤも出されているので観てみると、地区自治会の1年の時間の流れは祭とともにあり、屋台のメインテナンス、笛や太鼓の練習、地区自治会の寄り合いなども描かれ、私のところの祭の比ではない。

だから祭に金がかかることもあるが、一番問題なのは屋台の維持で、これは京都の専門のところに送っての点検が必要となる。それで通常の自治会費1万4０００円＋祭費用として2万5０００円が加わり、それが一括払いではないにしても、全世帯から3万9０００円を集金するのだから、払う方の自治会員にしても、集める組長にしても大変だ。

海沿いの自治会の屋台のある祭は古くからの伝統もあり、神社系列も京都に由来を持つようで、どうしても祭に金がかかってしまう。

**中村**　景気のいい時代で、地元企業や商店街の協賛があった時期はよかったにしても、今は金集めに苦労するだろうな。

こちらのほうの自治会費は5０００円にも満たないところがあり、それでは祭の経費は負担できない。だから祭経費とは氏子連が集めて負担し、それに市は交付金を出し、企業や商店街の協賛が欠かせないし、それでないと経済的に回っていかない。有名な祭の実態となると、観光協会が主催者となってそれなりに金も入れ込み方をして、我々自治会の祭とは隔絶した世界だと思う。

やはり自治会の祭とは子供中心の花火とか、スイカ割りや金魚すくいだったらいいけれど、神社やお寺を中心とする祭は自治会と切り離し、氏子や檀家なりが担うべきだ。それこそ高齢化が進む中で、コストが高い祭は難しくなってきている。

**小田**　まったく同感だし、それが現実となっている。少子化のために屋台を曳く人たちも足りなくなり、近隣の大学生のアルバイトを必要とするという話も聞いている。友人の祭費用の高い自治会にしても同様で、技能研修生として若いフィリピン女性が30人以上働いているので、彼女たちを祭に参加させたらどうかと友人が提案したところ、さすがに自治会では通らなかったという。私などはいい話で、それをきっかけにして、地元の青年とフィリピン女性が結婚すれば、結構じゃないかと思うんだが、祭のクレオール化はまだまだ難しい。

**中村**　自治会費のことから祭のほうにずれてしまったので、そちらに戻そうよ。自治会にしても、金はついて回るし、自治会の経済は自治会費をコアとして動いているわけだから。

## 35　アパマン問題と自治会と

**小田**　そうそう、自治会は会社ではないから売上目標とか前年比というコンセプトからは解放されているのが救いだといっていい。

それから自治会費といっても、自治会員からの集金はそんなに苦労しない。15人いる組長が集めて持ってきてくれるからだ。もちろん各組長にとっても集金は大変だろうが、1年だけのことなので、色々といわれたりするにしても、大きなトラブルはない。

問題なのはアパート、マンション（以下アパマンと表記）で、これは中村さんにもわからないんじゃないかな。それは自治会の大半の人にもわからないし、説明するにしても、理解するのは難しいと思う。1年を通じ、ゴミ問題を始めとして、アパマンに寄せられる苦情が最も多い。

**中村** 私のところではアパマンが少なくほとんど問題は発生していない。ただ会則規定としては居住者と大家で折半としている。

**小田** それは地区自治会でも異なっていて、私のところは40棟以上のアパマンがあることから生じている。自治会員からは問題が起きると、必ず大家にいって解決するようにと忠告される。そうしたことが通用するのは自治会員が大家であるアパマンで、オーナーが直接管理しているものに限られ、それらは数棟に過ぎない。

**中村** それはどういうことかな。

**小田** これはいつか説明しなければならないことで、実際に現在の自治会長などにも伝えてあります。それをもう一回繰り返してみます。まず集合住宅のコンセプトにふれると、その種類として、分譲マンション、賃貸アパマン、公団住宅（団地）がある。分譲マンションと公団住宅は近隣の自治会に存在するが、私のところには賃貸アパマンがあるだけです。しかも40棟以上に及ぶ。それらはほとんどが大手ハウスメーカー、建設会社によるもので、社名を挙げると、大東建託、レオパレス21、東建コーポレーション、積和不動産、ダイワハウスなどが勢揃いしている。

**中村** 数年前に経済誌で、関東各地の郊外に大東建託村が出現しているという特集が組まれていたけれど、あなたのところも、それが当てはまるということなのか。

**小田**　そのとおりだ。一区画に10数棟が建ち並び、まさに大東建託村となっている。その半分はある自治会員の所有する田んぼであった土地に次々と建てられた結果で、この2年だけでも3棟に及んでいる。これらは大東建託がオーナーに家賃を保証するサブリースシステムで建設したもので、家賃、入居者募集、メインテナンスなどは大東建託の管理会社が行なっている。

レオパレス21も大東建託と同様のシステムですが、こちらは1棟だけで、やはり管理会社がそれらを仕切っている。ただオーナーは地元法人である。

大東建託やレオパレス21に対して、東建コーポレーションは投資家を対象に一棟を販売するというシステムで、入居者募集や管理は行なっているようだが、家賃やサブリースに関してはよくわからない。ただひとつのエリアに4棟が建てられているのを見ると、それぞれの名称が異なり、いずれもナンバーがふられているので、それが個人か法人かわからないけれど、投資事業として複数を所有していると推測される。それは大東建託と同じだが、こちらは地元の人間がオーナーであることに対し、東建コーポレーションの場合、投資物件として販売されていることから、オーナーは他市どころか、他県にも及んでいる。

この他にも、アパマン管理を専門とする会社が介在するものも多く、こちらはこちらでオーナーの意向や性格もあり、様々に異なっている。大和ハウスの件などは後でふれます。

**中村**　レオパレス21はサブリースアパート建築の不正が発覚し、危機に追いやられ、ファンド融資で何とか維持されているが、どうなるかわからない。大東建託も同じシステムだし、これも我々の共通の友人である川上隆さんの同時代社から『大東建託の内幕』が出され、よく売れているようなので、こちらも問題だらけなんだろうね。

**小田**　だから郊外の自治会はこれらのサブリースシステムのアパマンの根拠地ともいうべきで、深くつながっている。なぜならば、これらのアパマンの居住者も正規の自治会員ではないけれど、それぞれのアパマン独自の自治会費が納入されているからだ。

**中村**　ということは自治会に加入していないけれど、自治会費は払っているわけだ。

**小田**　これはどのように居住者に説明されているのかわからないが、ゴミ回収などのこともあるので、建築に際し、自治会に接触し、自治会費は払うことを約束してくる。それもあって、居住者は家賃に自治会費も含まれていることを承知しているし、自治会の仕事や役員は免除であることも前提となっている。

**中村**　大体いくらなの。

**小田**　それが中村さんのところの自治会費よりも高く、月700円です。これは大東建託の例だけれど、全国一率というよりも、各地域によって異なるんじゃないかな。

しかし毎月の入居者の有無、移動は自治会の把握するところではないので、毎月の1棟ごとの入居状況によって、自治会に振り込まれる金額がちがう。でも大東建託だけでも、100室以上あるわけだから、年間にすると100万円ぐらいの自治会費が入ってくることになる。

**中村**　それはすごいね。アパマンがあるかないかで、自治会の経済状況も変わってくる。

**小田**　そうなんだ。隣の自治会は4棟しかなく、3棟は自治会員がオーナーで、大東建託は1棟だけだから。自治会の問題にならず、経済に対する影響もほとんどない。

**中村**　でもあなたのところは自治会費に占めるアパマンの割合がとても大きい。

**小田**　これははっきりいってかまわないと思うが、自治会加入者の自治会費が300万、その他法人、アパマンのほうが300万で、200万以上はアパマンからの収入なんだ。

**中村**　それならば、自治会がアパマン経営もしていることになるし、自治会長はその経営者も兼ねるような立場に置かれてしまう。ところでそれらのアパマンはすべて曲がりなりにも自治会費を払っているのですか。

## 36　アパマンとゴミ問題

**小田**　いや、そうではない。払っているのはゴミ回収を市に委託しているアパマンで、ゴミを自主回収＝民間委託しているところは自治会とのつながりもない。ただそれは学生アパマンなどの数棟だ。

これまでこうしたアパマン状況をきちんと把握していなかったし、この数年内にかつての工場跡にもアパマン6棟、その他にも6棟が建てられたということもあって、それらの自治会費問題も解決されておらず、放置されていた。だから否応なく、それから始めなければならなかった。

**中村**　それはそれで大仕事だし、大変なことはお察ししますよ。でも本気で自治会のことに取り組むならば、そこまでやらなければならない。

**小田**　そこで一応はアパマン引き継ぎ書があったのだが、あらためて自治会エリア内を回り、アパマン名称とナンバーを地図上に記載し、引き継ぎ書と照らし合わせ、自治会費未払いアパマンを突き止めていった。投資物件であれば、当然利回りは下がるので、自治会費を支払いたくはないのは自明ですから。

**中村**　さすがだね。それはどうやったの。

**小田**　さっきゴミ回収にふれたけれど、ビニールゴミ、粗大ゴミなどの集荷所は自治会に一箇所しかなく、それは鍵がかかっているので、鍵がないと使用できない。そのためにアパマンも部屋数に合わせ、実費で鍵を買う必要がある。

前年の会計簿から鍵を購入しているアパマン、それなのに自治会費を納めていないところを洗い出し、管理会社を通じてオーナーに請求した。言外に払ってくれなければ鍵を返してほしいということも含めて。

ところがそちらはよかったのだが、わからないアパマンがあり、建設して2年たっても払ってくれないので、各管理会社を確認してみた。すると建築の際に当時の自治会長と交わした文書が出てきて、建物完成の2年後に支払うと書かれていたのです。つまりオーナー側に万全を期すために、そのような文書が出されていたのでしょう。これは盲点で、しかも実際に振り込まれたのはその1年後でした。

**中村**　でもそうしたアパマンをめぐるシステムは小田さんだからわかるし、対応できるにしても、他の人では理解できないでしょう。

**小田**　確かに私の場合は１９９０年代のバブル前後に不動産プロジェクトに関する１冊の本を編集したことがあるのでわかるのだが、そうでなければちょっと無理です。これらのアパマンサブリースシステムは低金利バブルが生み出したもので、人口減少の時代になっても、どんどん建てられている。だからそのツケがオーナーに回ってくると、必然的に自治会にもしわ寄せがきてしまう。

それでも一番心配していたレオパレス21が昨年の自治会費は払ってくれた。何せ17万円もあり、大金でしたから。ただ今年は難しいようで、まだ入金がない。（後に半年分が支払われた。）

**中村**　アパマンの件は自費会費の他に、やはりゴミ問題ですか。

**小田**　これは県や市によって異なるのだろうと思いますが、ゴミは分別回収していて、その分別がなされず、一緒くたに出してしまう。すると市が委託しているゴミ回収業者は置いていくことが重なり、夏だとすぐに腐ったり、カラスがつついて散乱したりする。近隣から苦情が自治会に寄せられる。衛生委員や管理会社に連絡し、すみやかに処理する。その繰り返しで1年が過ぎていく。

**中村**　ゴミ問題に関してはどこの自治会でも大なり小なり共通の苦労をしている。でも小田さんのところはそれに加えて言葉が通じず意思の疎通が難しい外国人問題も絡むのでしょう。

**小田**　自治会全エリアの人口が１２００人、６００世帯、そのうちの１６０人が外国人という構成です。自治会加入世帯は２５０世帯、７００人ですから、加入率は大体40％、市の平均加入率は80％とされているので、当自治会の特異さがわかるでしょう。それでいて加入していないアパマン居住者にしても、自治会費は払っているのです。

## 37　混住社会としての自治会

**中村**　つまりあなたのいうところの職業を異にする混住社会に外国人までが加わり、日常的には同じエリアに暮らしている。それらの人々の顔は見えているの。

**小田**　いや、ほとんど見えていない。それでもマイホームを購入した家族もいて、その人は日系ブラジル人なので日本語もでき、その組長のアシストもしてくれたが、例外といっていい。ただ近隣の自治会でも、カタカナの表札が目立つようになっているので、主として日系ブラジル人家族は日本に定住することを選びつつあると推測される。

その他には日系ブラジル人専門アパマンがあるけれど、こちらの住民は仕事がノマド的なようで、まったく顔もわからない。このアパマンは日系ブラジル人のための人材会社がその住居も斡旋するために建てたもののようなのです。

**中村**　外国人というのは日系ブラジル人だけなのかな。

**小田**　ところがそうではないんだ。前に祭絡みでフィリピンの女性技能研修生の話をしたが、やはりベトナムの20人ばかりの若い女性技能研修生がいて、自治会内にある企業のロジステクス関係の仕事に携わっているようだ。彼女たちはその企業の内部にあるアパマンに住んでいて、自治会費も払っている。

その他にも色んな外国人がいるかもしれないが、彼らもまた様々なアパマン居住者なので、そこまでは判明していない。

**中村**　でもそれにしてはというべきか、１２００人のうちの１６０人が外国人ということは13％が移民生活者のような立場で、あなたのところの自治会エリアで暮らしていることになる。

エマニュエル・トッドは日本の人口減少解決のためにも、フィリピンやベトナムからの移民を引き受けるべきだと語っていますが、すでに地方の市ではそれが現実化していると考えることができる。

**小田**　ちょっと前までは日系ブラジル人において、そのポジションが「デカセギ」と称されていたし、フィリピンやベトナムの若い女性たちは移民生活者とは呼べないかもしれないけれど、自治会費を払い、日本の地方で暮らしている事実を知れば、トッドも少し驚くかもしれない。それにこれは乾英理子『クルドの夢　ペルーの家』（論創社）にも出てくるのだが、近隣の公営団地は外国人が占める割合が半分を占めるに至っている。

それと自治会から見ると、アパマンは苦情の種ではあるけれど、居住者にしてみれば、「ノマドランド」かもしれないと思った。これはクロエ・ジャオの映画『ノマドランド』を見て、それらのアパマンが日本のノマドたち、外国人や非正規労働者などにとっての「ノマドランド」、セーフティネットの役割を果たしているのではないかという気にさせられた。

それから今年になっておもしろい事実を知りましたので、ここで付け加えておきます。トッドはフィリピン、ベトナム、インドネシアからの移民を優先したほうがいいと語っていたと思いますが、実は隣の自治会にはインドネシアの技能研修生らしき人たちもいます。それらを考慮してだとはさすがに考えませんけれど、近くに東海地方を地盤とするスーパーチェーンのバローがある。

**中村** 知ってますよ、地方のスーパーとしてはヤオコーやオオゼキと並ぶ大手で、特色があると聞いている。

## 38 スーパーの魚市場

**小田** そこら辺は詳しくないのだが、まあちょっと聞いてくれませんか。その店は地元のスーパーをM&Aした経緯があってか、建物は大きく、売場面積も駐車場も広いのに、何の魅力もなく、さびれた店だった。ところが昨年の暮に店舗大改革を手がけた。その目玉は魚売場を魚市場のようにしたことで、以前の低温冷蔵売場を撤去し、そこにトロ箱を積み、カツオ、マグロ、ヒラメ、ハマチ、タイ、タチ、カワハギなどを1本ごと氷とともに陳列し、調理は喜んで無料というキャッチコピーをつけて、売り始めた。それにふさわしくいえばまったく新しい魚市場が開店した印象が強かった。

その魚の種類と規模はデパ地下の魚売場どころではなく、近隣のスーパーにもこれに比肩する売場はない。おまけに値段も安く、カツオ1本が1000から1500円ほどで、事情通によれば、静岡最大の規模とコストパフォーマンスではないかということだった。

それで私も驚き、通うことになったわけだが、私だけでなく、それらの魚を目当てとする多くの高齢者が押し寄せ、ものすごく繁盛することになった。すると次第に明らかにアジア人の若者たちもくるようになり、その多くが三枚に降ろす調理を頼まず、ハマチやタイなどを一本そのまま買っていく。おそらくこれらの若いアジア人男女は近隣にいる、フィリピン、ベトナム、インドネシア人たちで、私たちが忘れてしまった出刃による魚料理をまだ自在にできるゆえだと思われた。その売場の魚の種類の変わるさまや客たちの魚への対応を見るために、魚と客の多い土日に出かけていくうちに、日系ブラジル人たちも見るようになった。

つまりここにおいて、魚市場を中心とする食の共同体のようなものが成立したことになり、それがたとえ擬似であったとしても、混住のエピソードとして、ほほえましく感じられたのです。すいません、長くなってしまって。

**中村**　いえいえ、どういたしまして。でも我々の年齢も山田風太郎の『あと千回の晩飯』（朝日文庫）というところに近づいてきているので、そういう魚市場が近くにあることはうらやましい。

**小田**　そうでしょう。私も晩年の僥倖だと思っているし、それに中村さん、風太郎にしても、あの一冊を書いてから、「あと一万回の晩飯」があったはずなので、この一冊を上梓したら、おいしい魚でも食べにいくことにしましょう。

話を元に戻すと、会計を引き受け、自治会費とアパマンと外国人問題に突き当たったことになり、先にリストアップした1と2に続き、3と4に重ね、話してきたわけです。

## 39　地方自治体とアパマン問題

**中村**　これだけでも大変だし、一仕事だったことがよくわかる。それからかくも地方自治体も自治会も低金利バブルの中でのアパマンの乱立とグローバリゼーションの照り返しの中に置かれているにもかかわらず、大政翼賛会的なものへと回帰しているような状況についても、現状認識がなく、関心すらもないことにあきれてしまうほどだ。

**小田**　実は自治会長が入院直後に、国会議員選挙があって、その選挙立合人の役割が私に回ってきた。それで選挙会場となる例の交流センターに、朝から夜まで地区自治会の2人の自治会長と3人で、並んで詰めていた。

たまたまその隣に市の税務関係者もいて、長い1日でもあり、例のスルガ銀行事件も起きていたので、それに象徴されるサブリースアパマン問題のことも話したりした。スルガ銀行に持ち込まれた「かぼちゃの馬車」の代表者はレオパレス21の出身者だったからだ。

**中村**　バローと異なり、それは知らなかった。それもブラック企業はつながっているという好例だね。

**小田**　それは彼も同様だったが、スルガ銀行は静岡の3大地銀として、地方自治体の実体経済にも深く関与していたし、税務関係者としても、無関心ではいられなかったようだ、それに当時、スルガ銀行もどうなるかわからないと噂されていたからね。

それで事件の発端となった「かぼちゃの馬車」の代表者がレオパレス出身者であること、サブリースアパマン問題の危険性、及びそれが破綻した場合、市や自治会にもはね返ってくるのではないかという話をした。実際に自治会によってはレオパレスのアパマンを4、5棟抱えているところもあるので、市としてもサブリースアパマンの実態と現在状況を正確に把握しておくべきだとも伝えた。

**中村**　それでどうなったの。

**小田**　彼も税務関係者として心配になり、市の各部所に問い合せたりして調べたようだが、それらに関する正確なデータや数字は把握できなかったという。この事実からすると、自治会以上に市はアパマン問題の現実をわかっていないし、直視していないことが浮かび上がってくる。

**中村**　それはよくわかる気がする。自治会長を長くやっていると、コミュニティ課、そちらは地域づくり応援課、の担当者にしても、まじめに取り組んでくれるし、それなりに頑張っていることも理解できる。

ただそれはマニュアルどおりというか、杓子定規といっていいのか、具体的な日常的問題の処理はともかく、想像力に欠けている。というか、予想外の事例が起こるとフリーズしてしまう。つまり前例がないと対処できない。

**小田** 確かにそれは実感するが、ないものねだりだと思ってしまうし、行政に想像力を要求することはできない。それでいて、我々がある意味でめざしているのはイメージの変革だから、市にとっては我々のような自治会長は最も困る存在なのかもしれない。あなたもいってたじゃないですか。役所の担当者が代わると問題だと。

**中村** そんなこともいったね。

## 40 自治会と宗教

**小田** そうしたソフト面で、行政がふれたくないのは宗教問題なんだと思う。自治会としても、それはナーバスな問題であり、葬式に出たりすると、それぞれに宗教も多様化しているとわかるし、160人の外国人の存在を考えても、そんなに広くない自治会エリアにどれほど多くの宗教や宗派があるのかと思ってしまう。

例の『自治会長コミュニティハンドブック』の「自治会長Q＆A」コーナーに自治会と宗教に関するくだりがあるので引いてみます。

Q　自治会と宗教の関わり方について教えてください。

A　自治会が特定の宗教活動をすることは、好ましいものではありません。地域の神社の祭礼や神社の維持・修繕費用の寄附、宗教行事への参加等を自治会が割り当てることは、各個人の宗教の自由を侵すことにもなりかねません。しかし、地域のお祭りは、伝統行事として歴史的文化的な価値を持っており、お祭りを通して地域の歴史を学び、親睦を深めていることも事実であり、地域の文化継承の面を持っています。宗教的な行事の部分を自治会の行事から切り離しつつ、お祭りを維持していくことが必要です。また、自治会会計から神社の祭礼に寄附したり、祭礼の会計が自治会会計の中に組み込まれていたりすることは、自治会行事と宗教行事とを混同することになり、好ましいことではありません。

**中村**　これはおそらく30万といわれる全国の自治会の問題だろうし、解決には至っていないと思う。

私のところは法人化した際に自治会と切り離し、祭は氏子連に任せることにした。それに氏子というのは何代も続いているので、自治会のエリア外にも散らばっていたりする。またそうした氏子たちが神社に冥加金を出しているのだし、自治会が口を出す問題ではない。どこかで切り離さないと、自治会が破産することにもなりかねない。

**小田**　中村さんのところはそれで解決したなら問題はない。

ところが「Q＆A」では自治会による「神社の祭礼」などは「各個人の宗教の自由を侵すこととなりかね」ないが、「地域のお祭りは、伝統行事として歴史的文化的価値を持っており」、「宗教的な行事の部分を自治会の行事から切り離しつつ、お祭りを維持していくことが必要」とされている。

先に実質的に祭と屋台絡みで自治会費が高い自治会のことにふれましたが、祭礼会計が自治会会計と分離している例は自治会連合会においてもないんじゃないかな。

**中村**　だからこれもダブルスタンダードというわけで、私のところは自治会員がそれほど神社にも祭にも思い入れが強くなかったから可能だったけれど、これが大きな祭、有名な祭だったりすると、自治会との分離はとても難しい。寄付などをめぐって二重帳簿は当たり前だろうし、一年を通じての準備期間の飲み会いの金はどこから出るのかという問題もある。

ただそれらと絡んで、敬老会の記念品などは自治会内の商店に頼むべきだし、ナショナルチェーンのスーパーより多少高いにしても、地元を優先すべきでしょう。

## 41　自治会、商店街、祭

**小田**　それなんだ。商店街の自治会と祭のことも聞いたことがある。たまたまこれも中学の同級生が自治会長をやっていたからです。

彼のいうところによれば、商店街と祭が全盛だったのは１９６０年代で、当時は自治会、商店街、祭が三位一体となり、寄付も多く集まり、祭によって商店街も潤い、地域全体が気分的にも昂揚し、本当にいい時代だったと思う。ところが1980年代から郊外にロードサイドビジネスのナショナルチェーンの進出が続いて、広い駐車場付きの郊外消費社会が出現したことによって商店街は今世紀に入って壊滅状態になってしまった。

それでも町はある。どうして残っているかというと、祭が存続しているからで、祭があるから自治会も必要だし、祭に向けての準備もあるので、自治会員と役員の新陳代謝も進む。外に出ている人たちも祭だからといって戻ってくる。それらのことを考えると、祭がなければ、町どころか自治会も維持できないだろう。

**中村**　祭を氏子連にまかせておいていうのは気がひけるけれど、それはよくわかる。

**小田**　スナックや飲み屋が残っているのは祭の寄り合い需要だとの話も聞いたことがある。それにその地区自治会の神社は由緒あるし、広く氏子がいたとしても、自治会との絡みは一筋縄ではいかないだろうし、様々なしがらみがまとわりついていて、自治会との会計の分離などはできないだろうと思う。

**中村**　そこら辺は神社の歴史や祭の大きさや著名度によって異なるだろうし、我々のような小さな単独自治会長の忖度を超える世界だろうね。

**小田**　ただ神社の歴史の問題について、一言付け加えておきます。私はかなり長く、市の文芸誌の選考委員を務めているのですが、80代後半の方の投稿に、近隣の神社の祭礼のことを書いたものがあって、そこには戦前の戦時下で始められたと記されていた。すると昔から行なわれていたとされる祭礼にしても、大政翼賛会の下で始まったことがわかる。戦死者を軍神として祭る意味もあった。そのようにして神社祭礼の起源と実態を知ったことになる。

前置きが長くなりましたが、先に挙げた5の自治会の宗教行事や6の神社と祭典問題に移ります。まず最初に説明しておきますと、自治会エリアの中に寺と神社の双方があり、自治会行事に仏教と神道行事も組み込まれていた。それは長きにわたる習慣となっていて、新住民からの異議も唱えられていたようですが、廃止に至らず、連綿と続いていた。

## 42　祭と宗教行事

**中村**　それもすごい話だね。普通であれば、祭と宗教行事をそれだけ抱えていたら、自治会の経済が成立しないし、どこかで破綻するし、それを世話する自治会員の不満も爆発する。それらを可能にしたのはボス的人物がいたからじゃないのか。

**小田**　まさに正解で、今では引退して高齢者施設に入っているが、かつては市会議員と住職を兼ねていた。本当のところはわからないけれど、政治と宗教の権力者となると、すり寄ってくる人たちも多いし、信じている人たちも同様だ。またそういった人々をダミーとして使う術も心得ているので、それで自治会をずっと差配してきたといえる。

**中村**　小田さんとの関係はどうなの。

**小田**　私も檀家に当たるけれど、何も頼んだことはないし、向こうも私が苦手だから、何かあっても、私には声がかからない。そういう関係です。

**中村**　要するにあなたは他の自治会員たちと異なり、しがらみも義理もない立場にいる。それにあなたにしてみれば、ご当人はすでに引退し、住職自体が代わっているのに、そうした宗教行事自体がそのまま続いていることが問題であった。それと我々は外国文学をかじってきたので、どうも神父と医師はインテリだというイメージが強いのだが、日本においては彼らはものすごく上流ぶった俗物だと考えたほうがいい。

**小田**　そうだね。どの自治会にも必ず寺や病院があるけれど、そう思っておいたほうが間違いない。

話は代わるが、そうしたボス的存在もさることながら、それが続いてきたのは自治会の経済成長があったことに尽きる。１９６０年代の30世帯のままであれば、自治会費収入もそのままで、祭も含め、そんなに多くの宗教行事を抱えこんでいられない。何と現在までに自治会は２５０世帯、アパマンまで含めれば、６００世帯と20倍になった。

**中村**　それはすばらしい。でも経済成長を声高に叫ぶ時は何かを隠ぺいするためというのが多い。問題が先送りできるからだ。何事につけても収入が増えていくのは歓迎すべきだった。でもこれからはわからない。

## 43　自治会の経済

**小田**　ところが地区自治会にあって、成長したところばかりでなく、１９６０年代のままどころか、衰退している自治会も出てきている。そうしたことも作用してか、自治会の役員を経験した人々は金があると思いこんでしまったのではないかな。

つまり経済原則とすれば、点ではなく線で見て、現在と将来が必要とする金を選別すべきなのに、宗教行事などに大盤振る舞いしてしまった。最も肝心なのは老朽化した公会堂の新築のための資金をプールすべきなのに、それがなされず、手持ち現金は少ないのである。すいません、思わず自治会経営の話になってしまいましたが。

**中村**　でもそれが自治会改革の本当の狙いなんでしょう。一般会計と特別会計を分けるという。

**小田**　まあ、そうです。とにかく宗教行事の廃止とリストラに向かうしかない。それは神社のほうも同じです。

でも昔のことを思い出すと、多くの宗教行事もわかるような気はする。昔は決まった休みはそれこそ盆と正月だけで、貧しくて娯楽もほとんどなかったから、金毘羅や庚申信仰なども含め、宗教行事だけが休みと娯楽を兼ねていたんじゃないかな。それは葬式だって似たようなものだった。だから葬式は別にしても、宗教的な起源をたどっていくと、戦時下の大政翼賛会のもとでも神社祭礼の始まりではないけれど、何かのきっかけで始まり、根拠もなく、休みと娯楽代わりに続いてきたとも考えられる。
中村さんが毎年小学生時代の夏休みを過ごした信州の田舎も、まだそんな感じだったのじゃないかと思っているのですが。

**中村**　そこまで観察していなかったが、まだ1960年代前後の田舎のことだから、きっとそうだった。それにどこでも葬式は自宅で営まれていたし、村八分は火事と葬式を除いて、無視するというものだった。いずれも60年前後の日本の田舎はそんな気配が残っていた。

**小田**　そうなんです。それが半世紀後に自治会長として、自分が改革しなければならないようになるとは夢にも思わなかった。
ところがそういう宗教行事の廃止やリストラに関して、こちらも柳田国男や宮本常一の常民のこともあるので、そうした歴史や経済事情も関係者に伝え、一応は納得したように見えても本心はわからない。
そうした噂を聞きつけてなのか、よくわからない人から、俺はあんたの味方だという電話がかかってくる。やはり私が自治会長の代行も兼ね、二役を引き受けたこともあり、これまでと自治会の空気とか流れが変わってきたと感じている人たちも出てきたんでしょうね。

**中村**　でもそうした際には敵か味方か判然としないし、どっちにつくか揺れ始めていることもあるので、気をつけるにこしたことはない。

## 44　自治会の神々

**小田**　もちろん承知しているよ。神社のほうは十二社神社といって、自治会から補助金が出され、神社総代に副が２人、若い世代の祭典係の４人が直接の関係者で、こちらの行事もしめ縄作りと秋の祭典がメインの行事を抱えている。

その背後には地区自治会の神社の宮司を務め、神社本庁とつながる神主がいる。彼は十二社の祭礼に立ち合うだけだが、その他にはわからない神がいるわけですよ。

**中村**　それはどういうことなの。まさか中世の異神である摩多羅神や宇賀神がいたりして。

**小田**　いくら何でもそれはないよ。比叡山ではないから。

そうではなくて、近世になって生み出されたというか、連れてこられた神といっていいのかな。かつて自治会の小さな森や川のところに、何かわからない神がまつられていて、小さな森には金山神があるとされていた。これは近くに鍛冶屋を営んでいたという家があることから推測すれば、それは鍛冶屋の神様で、その故郷から連れてきて、そこに祭ったと考えられる。

昔はそうした神様がいくつもあって、それが新住民のマイホームが増える過程で居場所がなくなり、とりあえずは十二社へと避難してきたかたちになり、いつの間にか居ついて個々の行事として祭られるようになった。

**中村**　ということは仏教でいったら、真宗の寺に曹洞宗や真言宗なども同居しているのと同じ状態だね。まさに神様も混住してしまっている。

**小田**　本来ならば、連れてきたと覚しき家が引き取ってくれればいいのに、神様を自治会に押しつけたかたちになり、結果的には自治会の金で面倒をみてくれということになってしまった。そうした宗教行事は金だけでなく、人手もいるので、自治会の15組の輪番制によって担われ、これにも宗教上の理由から批判が寄せられていた。それにしめ縄作りと秋の屋台を伴う十二社の祭がリンクしているわけだが、子供も参加する秋祭はともかく、その他の宗教行事の由来などに関して、自治会員は何も知らされていない。

**中村**　それはちょっとひどいね。

**小田**　でもこれは私のところの自治会だけでなく、地区自治会の神社の問題と共通していると思う。それとやはりこれらの問題を考えてみて痛感させられるのは同調圧力の強さ、及び役員や組長にしても、自分の代は大過も変化もなく終えたいという願望だね。

**中村**　任期2年でその間だけ大過なくというか、つまりおかしなことがあっても、これまで通りが、誰もが傷つかない方法ということだ。

## 45　しめ縄問題

**小田**　それでもしめ縄作りも限界にきていた。我々の親の世代はみんな器用だし、わらもふんだんにあって役員たちが担当して作っていた。ところがそうした世代は亡くなるばかりで、現在残っているのは80歳後半の一人だけになってしまったし、この人が自治会の最後の農家だったけれど、年齢からして農業を続けられず、引退した。

そのような事情でしめ縄作りはこの人に依存する状態だったが、それも無理となったことから、自治会の年間行事としてしめ縄作りが組み込まれてしまった。人手がいないとできないからだが、全員が慣れていないので、いいものができるはずもないし、わらの確保の問題もあるわけです。

**中村**　そういった問題は私のところでは想像すらできない。あなたが前にいった自治会の出自の相異ということになる。

**小田**　しめ縄問題に関して、神社役員に託してみた。するとしめ縄を作ることで、人が集まり、地域文化を伝承するという面もあるとの意見が戻ってきた。

それも確かに一理あるし、柳田国男がどこかでいっていた、村の文化の伝承は一家の後とりでない次男や三男などの器用で才のある人たちが担っていたとの言を思い出した。でも現実的にはそれにあたる最後の一人も引退してしまい、残された高齢者はサラリーマン定年退職者で、しめ縄作りとそれに象徴される文化の伝承者ではないし、権威を保つための行事になっていた。

もちろんそこまではいわなかったけれど、しめ縄は専門のところに外注するしかないと考え、調べてみることにした。

**中村**　さいたま市には氷川神社もあるので、専門の業者もいると思うけど、あなたはどうやって捜したの。

**小田**　たまたま隣の自治会の神社のしめ縄が新しくなり、明らかに外注したものとわかるので、聞いてみると京都の業者に発注したものだった。見積書も見せてもらうと、25万円で、5年間は耐久性があるという。

ただ私としては相見積にしたいと考えていたので、知り合いの宮大工を通じて山の大きな神社に問い合わせ、名古屋の業者を紹介してもらった。こちらの見積りは15万円で10万の差があった。

**中村**　やはり京都は本場でブランド料も含めて高いということか。私も祭り太鼓の皮の張替と肌磨きで、浅草と浜松の業者に相見積したところ、3倍違ったことがある。

**小田**　そういうことになるだろうね。こちらの耐久年数は5、6年で、どちらも化学樹脂入りだが、雨風にさらされての年数だから、立派なものだと思った。

しめ縄外注の件は年間3万円足らずで、大勢の人間の労力が省かれるのだし、それにアマチュアの寄せ集めで作るものより見ばえもいいし、手作りから外注への移行はほとんど抵抗もなかった。

問題なのはさきほどの引き取った神社の行事を秋祭に一本化することで、こちらは若い祭関係者に説明し、一本化して行事をリストラする件を出した。その都度やっていた幟を立てたりする仕事は高齢者には無理だし、事故でも起きたら取り返しがつかない。それゆえにそれらの仕事は若い人たちの集まる秋祭に集約するかたちでやってほしいし、そのほうが祭も含めた今後の自治会活動にとっても合理的だし、経費の削減にもなると。

**中村**　それだけ色々と根回し、丁寧に説明すれば、若い人たちは納得するしかないでしょう。私はあなたのことを出版業界にいるだけでパワハラ的な存在だと常々いってきたけれど、思いがけずに丁寧で辛抱強いんだ。

**小田**　よくいってくれますね。私は昔から威張ったこともないし、パワハラやセクハラには無縁だし、誰に対しても親切で、丁寧に接していますよ。

でもこれらはただちに実行されたわけではなく、1年間自治会長代行も兼ねながら進めていったもので、すべて正式に自治会長になった翌年になって結実したことになります。中村さんほどではないけれど、それなりに長い戦いだったんだ。

**中村**　つまり会長の任期が2年では何も変えられず、そのまいくしかないとも言えるね。これで1と2の東日本大震災と原発事故以後の自治会活動の変化、3と4のアパマン問題5と6の宗教行事と神社と祭典までは言及してきたので、次の7は自治会の高齢化と少子化で、これはいうまでもなく我々の自治会で共通しているし、それは全国の自治会でも同じだ。

## 46　自治会と団塊の世代

**小田**　そういうことで、まず戦後の団塊の世代のことを挙げなければならない。この世代が敬老会のメンバーに加わる時代になっているからです。ちなみに『戦後史大事典』の立項を引いておきます。

## ◀だんかいのせだい　団塊の世代▲

一九四八（昭和二三）、四九年のベビー・ブーム期に誕生した世代をいう。その数の多さのゆえに、小・中学生時のすし詰め教室、高校の急増、大学入試時の受験戦争、就職難、消費市場の拡大、入社後のポスト難等々、さまざまな社会問題の主役となった世代であり、その世代的問題を主題とした堺屋太一の小説『団塊の世代』（七六年）に由来することば。純粋戦後派、幼時からの情報化体験、人口的「密度効果」などの結果、独特の意識・行動スタイルの持ち主であり、「ビートルズ世代」「全共闘世代」といった名称も与えられている。彼らが高齢化したとき、もうひとつの社会問題が発生するといわれている。

**中村**　「彼らが高齢化したとき、もうひとつの社会問題が発生する」とされているのは象徴的だ。

これも我々の共通の友人が高齢者施設のデーサービスの送迎者の運転手を務めているのだが、ここでも人手不足は深刻で、団塊の世代がそうなれば、介護師たちは圧倒的に少なく、誰が面倒を見るのだろうかといっていたことを思い出します。

**小田**　私は団塊の世代だけでなく、敗戦後の１９４５年から１９５２年のアメリカ占領下に生まれた人たちを「オキュパイド・ジャパン・ベイビーズ」と呼び、この世代をコアとして考える

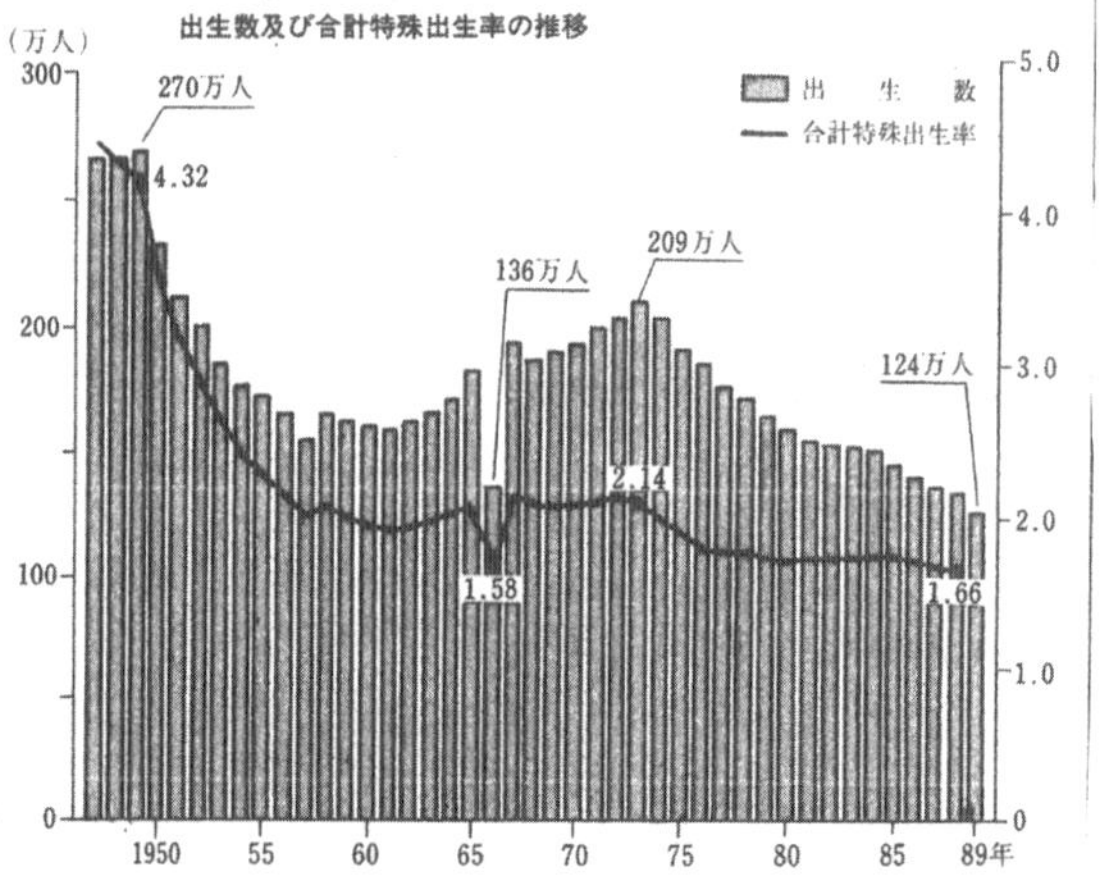

厚生省『厚生白書』による。

べきだとずっと書いてきました。

**中村**　あの堺屋太一発案の「団塊の世代」を止めて、「占領下世代」と言うべきだね。すると我々はその世代の下のほうだけれど、「オキュパイド・ジャパン・ベイビーズ」に含まれ、高齢者のコア的存在に繰り込まれる。このほうがはっきりしていいね。

**小田**　これもまず説明するよりも、『戦後史大事典』に「出生数及び合計特殊出生率の推移」図表があるので転載します。

見てわかるように、この世代は２０００万近くに及び、人口の６分の１を占め、それが次々に高齢化していく。とりわけ47年から49年にかけては毎年２７０万人前後が生まれ、これらの人々が75歳以上の高齢者、自治会でいえば、敬老会招待者となる。

それに対して、１９７０年代にもう一度ベビーブームはきていますが、少子化も始まり、「合計特殊出生率」は２人を割り、現在では１・５人以下になっている。

## 47　少子化と人口減少

**中村**　それに合わせるように、今世紀に入り、確か2005年だったと思うけど、総人口が戦後初めて前年を下回り、高齢化、少子化、人口減少がトリプルで進み、それらが自治会にも全面的に反映されている。

**小田**　先に人口減少のことからいうと、市街化区域にある自治会と市街化調整区域に位置する自治会は対照的だ。私のところは半分が市街化区域、半分が市街化調整区域で、現在も家が増えつつあるが、そうではない市街化調整区域の自治会は新たに開発できないし、原則として家も建てられないので、高齢化と少子化が進む一方であり、おまけに跡とり息子たちの独身化も重なって、自治会にしても将来的展望が開けない。そこでせめて家を建てられるようにしてくれと、市に陳情したけれど、それは国の管轄だからどうにもならないといわれ、すごすごと引き下がってきたという話を聞いた。

そのために高齢者だけの30世帯、40世帯という自治会も出てきているようで、これからは所謂限界自治会も出てくるだろうね。

**中村**　そうなると市町村合併ならぬ自治会合併という問題も必然的に生じてくる。ところが市町村合併はほとんど成功したとはいえない。ただ市のほうだって、コストや労力を考えれば、そのほうが好都合だし、そうした方向に進んでいかざるを得ない。私が知っている一番小さな自治会は12世帯というのがあるし、これは全員がまじめに自治会に取り組んでいる。

## 48　太陽光バブル

**小田**　それに絡んで心配していることがある。私のところは半分が市街化調整区域で、田んぼのままになっている。それらは地区自治会内の大規模農家が一括借り上げして、米作りをしているわけだが、コロナ禍の中で米価や野菜の出荷価格が安くなり、法人化しているものの後継者難や高い農業用機械などのコスト問題、農地の暴落が重なり、こちらも将来的展望が開けなくなっているようだ。

それらもあって、もし農地利用の緩和が行われ、太陽光パネル発電の設置が自由になったりすると、自治会はどのように対応したらいいのかという問題にも直面する。実は私のところの自治会エリアに太陽光パネルはないけれど、周囲には大規模なものも含め、すでに点在している。

**中村**　それはどこでも同じだよ。一般住宅の屋根ばかりか、こんなに狭い土地にもというくらい設置されている。太陽光の普及は環境問題というよりも、まだ国からの融資や助成金絡みで、うさん臭い話を伴う新たな利権対象になっているからだ。土地を平面にしなければならず、傾斜地を切り崩したりして、熱海のようになってしまう。また私は太陽光バブルと呼んでいるのだが、パネルの耐用年数を超えると、パネルの処理に困ってしまうだろう。あれには水銀が含まれているし、廃棄するにしても、捨てる場所すらもない。

私のところにもないけれど、確かに大規模な太陽光パネル発電が設置されたら、自治会にとっては迷惑でしかないだろうね。さっきの話ではないけれど、人口が増え、自治会費も入ってくるということではないのだから。そう考えると、これから太陽光パネル問題は全国の自治会にとっても、論議の対象となっていくかもしれない。

## 49 敬老会イベント

**小田** 次に高齢者問題に入ると、高齢者にとって敬老会が一大イベントとなっている。地区自治会の高齢者を地区内の催物会場に招待し、飲食を振る舞い、余興の人たちも呼んで、一種のフェスティバルとなっている。もちろん市長や市会議員も出席している。あなたのところはちがうんだよね。

**中村** こちらは大規模ではないが、似たようなものだ。社協と合同で敬老の日に、6単位自治会がブロックを形成して合同で主宰するものだ。これに介護老人ホームを巻き込んだりして、市からの敬老助成金をブロックに出してもらっている。それでも市長や議員はお忙しいでしょうから、出席はご無理をなさらずにといっておく。自慢じゃないけど、自治会長を務めた5年間、敬老の日の式次第の司会は私がやりました。また老人にとっても楽しみでもあるので、当然、飲食、酒、弁当は6自治会の金で用意します。

**小田** すばらしい。それこそ自治会手作りの敬老の日であって、できうれば、そうするべきだと私も思います。

でもそこが難しいところで、内々の手作りの会と官製のもののどちらを高齢者が歓迎するかといったら、後者のほうを喜ぶかもしれない。自治会三役と民生委員が世話をし、バスでの送迎、特設会場、市長と市会議員の列席、酒も含んでの飲食でのもてなしなどで、迎えられるほうにとってはこちらのほうが有難味があるような気がする。

**中村**　そこがジレンマだね。その問題を突き進めると、住民が自立した自治会と官製の自治会のどちらを望んでいるのかということになり、地方自治体とその市民の在り方へともつながっていく。私やあなたは自立した自治会をイメージしているけれど、そこだね、問題は。

**小田**　こちらの自治会には公的な高齢者グループとして老人会といきいきサロンがある。前者はいうまでもないけれど、後者は女性が多い。習いごとやリクレーションも兼ねたものだ。私はよく三島の畑毛温泉に出かけているのだが、ホテルの入口のところに自治会の告知板があり、そのホテルでの自治会総会やいきいきサロンの開催が示され、そうか、いきいきサロンは静岡県全体で進められている高齢者のための親睦活動だとわかった。

**中村**　いきいきサロンのような公的な高齢者グループ活動団体はこちらにはないと思う。ただ老人クラブも自治会組織と同様に、連合の老人クラブが市、県、国レベルまである。

**小田**　その他にも、個別に女性高齢者たちだけのグループがあり、かつては旅行などもしていたようだが、老人会やいきいきサロンと同様に、高齢化が進み、なかなか難しいところにきていると感じられる。
そうなると高齢者にとっては官製敬老会みたいな一大イベントが楽しみになるのかとも思う。高齢者は高齢者で上下関係があって当たり前だとし、また生きてきたようにしか老年を送れないとすれば、この世代に自立した自治会を望むことが混乱の原因になるかもしれない。

**中村**　私のほうは自治会の法人化することを優先したので、そこまでは先輩諸氏に配慮しなかった。
ただ最も気を遣ったのは高齢者の名簿リストのことで、その扱いには細心の注意を払った。詐欺問題に引っかかってくるし、まして高齢者の一人住まいなんてことが、外に出たら危なくてしょうがない。年度毎に作り、役員には必要だから渡しておいたが、終わった地点で回収し、シュレッダーにかけることまでした。

**小田**　それは私も同様で、敬老会招待兼記念品贈呈にリストが市のほうから出てくるんだが、これが外部に出たらまずいし、何らかの事件に巻き込まれたら責任問題にもなる。
またそれは75歳以上の104人のリストで、自治会構成員は700人だから、約15％に当たり、全国平均の13％より少し高いとわかる。

**中村**　こちらも、そちらと大体似ている。本当にまざまざと自治会の高齢化を見せつけられる。

## 50　障害者の高齢化

**小田**　それで思い知らされることが実際にあった。これは自治会と呼ばれる以前のどこの町内や部落でもそうだったと思うけど、昔はどこにも障害者の人たちがいたし、私は母親が盲目だったこともあり、身近に障害者がいるのは普通の光景だった。

私のところにも2人ほどいて、彼らは聾亜者で、10歳以上年上だったから、部落の見慣れた人に他ならなかった。そうはいっても、当時はどこも三、四代にわたる家族を形成していたこともあり、2人もその中で養護されて暮らしていた。もちろん身の不自由は常に覚えていただろうが、2人は隣り合わせに住んでいて、まさに相通じるものがあったと思われる。

しかし我々がこんな歳になるのだから、彼らも高齢化して当然だった。それも家族を次々と失いながら歳を取り、一人暮らしのままで2人は80歳を超えた。1人は畑仕事をして暮らしていたが、もう1人は外で見かけない日が続いた。そして4年ほど前に、後者が自宅で餓死に近い死に方をしているのを発見したのは前者だった。

**中村**　何とも言葉がないね。

**小田**　こんな時代に餓死するとは驚きで、しかも孤独死も重なり、かつての農村共同体では考えられないことだった。色々な事情が重なった挙げ句の死であり、葬式も出されず、その家もしばらくは無人のままで放置されていたが、壊され、今では近くの工場の駐車場になっている。

それでその発見したもう一人が残されたことになるが、庇護してきた近くの縁戚の老婦人も高齢化と病気で面倒を見られなくなってしまった。彼のほうも彼のほうで、90歳の一人暮らしの中で認知症も発したようで、従来の筆談もままならなくなり、火事の心配など寄せられてきた。

この問題は新住民の自治会長や役員たちに引き継ぐことはできない。そこでたまたま民生委員が旧住民の幼馴染だったこともあり、我々で何とかしないと、今後火事でも発生したら取り返しがつかないとの結論に至り、彼の縁戚家族と連絡をとり、市と相談し、高齢者施設へと入ってもらうことができた。

**中村**　それは本当にご苦労さまでした。私のところでも実は一人暮らしの老人が亡くなってから3日間放置されていたことがあったが、さすがにそこまでのケースはない。でもこれからは起こる可能性がある。

**小田**　それはそうですよ。どこにもあったら自治会長や民生委員を引き受ける人はいない。検査したらやはり認知症が進んでいて、よく90歳で一人暮らしをしていたと驚かれた。

**中村**　でもそれを聞いて考えさせられるね。その人は障害者であっても、その歳まで自治会内でオープンに暮らしてきたし、あなたたちも彼のことを長きにわたって知っていたし、見守ってきていた。そうだからこそ、何とか手を回し、高齢者施設へと入ってもらえた。

ところが現在の自治会の場合、引きこもりの人も40代に入っているはずで、どこの自治会にもいると思う。そういう人たちは彼と異なり、引きこもっていてオープンな存在ではないので、さらに高齢化していった場合はどうなるのかと思ってしまう。

**小田**　そうか、それは思いよらなかったが、確かにそうだ。

**中村**　その引きこもりに加えて、子供が独身のままで50歳を迎え、親は80歳になるという「50・80問題」はこれからの日本社会にも大きな影響を及ぼしていくだろうし、自治会にしても避けて通れない問題となるような気がする。

ただ私のところの場合、自治会名簿は世帯主だけを収録しているので、そこら辺の詳細はつかんでいない。

**小田**　こちらは市で用意する会員名簿を使い、それに世帯全員を書いて提出してもらい、自治会長と民生委員が管理するかたちになっているので、そこら辺の事情も類推できる。この問題は法人化に関するところで、あらためて取り上げるつもりです。

さてその2人の住んでいた家ですが、亡くなったほうの家は取り壊され、前述したように現在は駐車場になっていますが、施設に入った90歳の人の家はそのままで空き家になっている。高齢者と空き家問題がそのままつながり、それは9の無人マンションとも重なっていく。

## 51　空き家問題

**中村**　私が直面した空き家問題の具体的な例を先に話しておいたほうがいいと思う。

**小田**　それはどんな例なの。

**中村**　空き家の庭にすずめ蜂の巣ができたんだよ。それを駆除するためにはその敷地内に入らなければならないが、私有地だから了解をとらないと入れない。それで区役所の担当部門から税務課に問い合わせてもらい、所有者に連絡してもらった。その窓口から駆除業者に頼んだけれど、その業者にしても、敷地内に入らないととることができない。だから何回も連絡してもらい、3回目には内容証明で連絡してもらった。でもなしのつぶてというわけだ。それで区役所はどうしたか。

**小田**　どうしたの。

**中村**「ここに蜂の巣があります。危険ですから近寄らないで下さい」という看板をよこして、隣家との境にかけただけだった。

**小田**　その看板はどこかで見たことがある。するとそれは全国共通のものかもしれない。それから市とのやり取りもよくわかりますよ。

**中村**　それで仕方なく、冬になって蜂の活動が止まった時に、隣地から水をかけて落とした。翌年またそこにつくられると困ってしまうので。でもきちんとした手続を経た上のことではないので、おおっぴらにはできない。

**小田**　よくわかります。私のところは空き家だけで5軒あって、それに2棟のマンションが加わるので、定点観測する必要があり、黙って敷地内に入らざるを得ない。

それこそあなたの話じゃないけれど、現在の所有者を調べても、相続登記されていないことも多いし、甥や姪の場合だったりすると、その土地もどうなるのかわからず、自治会が関与するわけにもいかない。

　それらの他にも、孤独死した人の家の跡地が駐車場になった話はしましたが、別の跡地は家を解体した後、やはり親戚の人が相続し、資材置場になっていた。ところが仕事を止めたのか、今では草に埋もれたままで、これも自治会に苦情が寄せられている。

　それからこれはあなたのところも同様だろうけど、高齢化に伴う連れ合いの死によって一人暮らしの家も増えつつあり、これらは空き家予備軍といってもかまわないだろう。つまり空き家は減るどころか、どんどん増えていくと考えざるをえない。

**中村**　それは同感で、牧野知弘『空き家問題』（祥伝社新書、２０１４年）という一冊を読んでみた。そこに示された数字によれば、２０２０年に空き家は１０００万戸に達し、30年には人口も１億１６００万人で、14年よりも東京23区人口を上回る１０００万人が減少する。これらの数字も自治会へとはね返されていく。あなたのいうところのアパマン問題として、空室率も上昇することになる。そこに相続の問題も連鎖していくから、自治会の手には負えなくなることが目に見えている。

　向こう３軒両隣という言葉があるけれど、そのうちの１軒が空き家になるという予測も出されているし。

**小田**　そういえば、知り合いの宮大工にしめ縄のことで神主を紹介してもらった話をしましたが、彼がいうには相続争いではなく相続放棄争いの時代になっているとのことだった。

この人は山に近い町に住んでいることもあって、住民が家業のこともあり、広い家屋敷、山や田や茶畑などを有している場合が多い。ところがほとんどの子弟が家業を継いでおらず、サラリーマンになっていて、相続すれば負担になるので、誰も相続を拒否し、兄弟間での押しつけなどが起きている。金だけならほしいが、広い家屋敷、山や農地はいらないということで、それを称して相続放棄争いといっているわけです。5年ほど前の話です。

**中村**　とすれば、マイナスのイメージが強い「負動産」という言葉はまだ使われていなかったはずで、予兆的な話だったことになる。

**小田**　それを反映してなのか、先日友人がきて、次のような話をしていった。先頃、別荘代わりに山村の古民家を買った。2000坪の土地と山つきで、600万円だった。家の保存状態はいいので、手を入れる必要はなく、これから夏の間はそこで過ごすつもりだと。

**中村**　ずいぶん安い気がするし、もう少し若かったら私も買って住んでみたいな。

**小田**　この山村は宮大工のところよりも西に位置するのですが、空き家だらけで、人口も少なく、自分のような新住民は歓迎されているといってました。まあその山村の自治会に入れば、また色々と問題も出てくるでしょうが。

**中村**　その話はともかく、19世紀から20世紀の前半にかけての欧米の小説では、見ず知らずのおじさんやおばさんからの遺産がもたらされ、それで学問を続けたり、起業したりするというエピソードが詰め込まれていたことを考えると、隔世の感があるね。

**小田**　そのようにして、近代の物語のひとつひとつが解体されていきつつあるのが、21世紀の現在に他ならないし、我々も自治会を通じてそれらに向き合っているのでしょう。

さて話を戻しますと、その施設に入った高齢障害者の家はそのまま残されているのですが、その組だけでこの1年間で3軒の空き家が生じてしまった。別の2軒は世帯主が亡くなり、高齢の母親が実家に引き取られたことと引越しによるものです。後者はモゲージローンに入っていたようですので、その後がどうなるのか不明のままで、すでに半年以上が過ぎている。

高齢障害者の家の相続者は甥と姪で、20年近く前に障害者の母親の葬式の際に、甥が相続した場合、そこに家を建てて住むといっていたけれど、年月が経ち過ぎ、甥も年をとり、すでに隣県にマイホームを取得したということなので、こちらもどうなるのかわからない。

**中村**　かくして空き家が次々と増えていくわけか。

## 52　アパマンの末路

**小田**　そういうことだが、それらの家は敷地が広くないし、アパマン建設は考えられないので、それほど心配していない。

問題なのはアパマンで、3年近く前に住む人がいなくなってしまい、無人のままになっている。これは女性投資家と覚しき人が40年前に建てた3階建て9室、2階建6室のアパマンで、彼女もその一室に住み、管理人も兼ねていた。所謂の初期の大家が建てるアパマンだった。ところが40年も経つと、設備も古く老朽化し、水回りの不備、インターネット環境にも対応できず、駐車場も狭いこともあって空室が増えていった。その一方で、大家の女性も寄る年波には勝てず、認知症も進み、東京在住の娘のところに引き取られた後、施設に入ったこともあって連絡もとれなくなったという。

**中村**　アパマンの末路としての最悪のパターンといえるね。自治会にとってアパマンの老朽化と無人化は本当に困るんだよ。結局のところ、解決方法としては建てることを止めることだし、地主にしてもアパマン経営者にしても、決していい話は聞こえてこないし、これも全国共通している。

**小田**　おまけにこのアパマンの建っている土地は私にとって記憶に残っているものなんだ。ここはかつて農家があったところで、３つ年上の幼馴染がいたこともあって、１９６０年前後によく遊びにいっていた。確かまだわら葺きの家だったんじゃないかな。まだテレビもなかったし、子供たちも外で遊ぶしかない時代だった。

この家は部落の外れに位置していたので、とても風通しがよく、夏に将棋をさしていても涼しかった。それに何よりもよく覚えているのは庭一面に煙草となる葉が干されていて、その下にいると煙草の匂いのする風が流れていた。まだ堀辰雄の『風立ちぬ』は読んでいなかったし、ヴァレリーの詩も知らなかったけれど、風が目に見えぬ贈物をもたらしてくれるようだった。その隣は蓮池で、花が咲くと白くて美しかった。風はそこにも流れていた。

**中村**　まさにLe vent se lève, il faut tenter de vivre（風立ちぬ、いざ生きめやも）だね。

**小田**　ところが一緒にいた人たちにその話をすると、誰も記憶していないというので、残念ながら私だけの記憶にとどまるものでしかない。

そうした記憶をとどめる土地にどうしてアパマンが建築されたのかというと、80年代始めにその蓮池を埋めたところで工場を営んでいた幼馴染が破産してしまい、そのあたり一帯が抵当に入っていたので競売に付され、それを女性投資家が入手したことによっている。またそれをきっかけにして、一連の畑が同様に売られて新住民のマイホームとなり、現在の自治会のひとつの組を形成していったのです。それからこれは冗談ではなく、フランス語が出ましたので付け加えておきますが、そのすぐ近くにC'est la vie（これも人生だ）という美容院ができた。

**中村**　そうか、私のところの自治会の過去にもそうした物語が埋もれているのかもしれない。

**小田**　でもそれは郊外開発の最初の出来事に属し、空き家と無人アパマンはその終わりを象徴的に物語っているのでしょう。

## 53　幽霊アパマンの状況

**中村**　ところで現実的にその無人アパマンの対策はどうしたのですか。

**小田**　まず周囲の自治会員にヒアリングしてみた。するとその裏の家ではアパマンの敷地に草木が生い茂り、2階にまで及んでいることもあって、こちらにもかぶさってくるので、かつては東京にいる大家に実費を請求し、除草したりしていた。しかし最近は連絡が取れないので困っているとのことだった。

確かに裏ばかりではなく、表の庭や駐車場も草木が生い茂り、階段部分にも伸びている。そういう場所によく起きることだけれど、誰かがゴミを捨てにきて、それが山となっている。また3階の屋根の部分にシートが張り巡らされ、風が吹くとパタパタと音を立てているのだが、これは雨漏りが起きているからかもしれないと思ったりもする。雨漏りがすると、アパマンの劣化はさらに早まることが確実だ。

**中村** それは困ったね。

**小田** そう、周囲の人たちはもっと困っている。夜になると、廊下の照明灯はついているけれど、無人ゆえに部屋自体はまっ暗だから不気味でもある。幽霊アパマンと呼ぶしかない建物になってしまっている。

といって建物にしても土地にしても私有財産だし、とても自治会の手に負えない。それで市の建築住宅課にいき、市税課のほうでは納税者のことも把握しているはずなので、そちらで何とか対応してほしいと依頼した。

すると最初は調子よくて、ゴミ問題もありますので、環境課などとコラボし、こちらが窓口になってやりますの言が戻ってきた。それで連絡をとったのか、大家の娘のところで、最初の頃は何とかしますといっていたようだが、そのうちに電話に出なくなってしまった。そのために文書で問い合わせているのだが、一向に交渉は進んでいない。それから1年半経っているが、ゴミだけは片づけられたものの、事態は改善されないままである。昨年は幸いにして台風が来なかったけれど、今年大型台風に襲われ、建物に被害が出れば、一気に建物の劣化が始まることは火を見るよりも明らかだ。

**中村**　じゃあ、私のところの蜂の巣どころではなく、もっと危険なアパマンでさえも、市は何もできないということになるのか。法改正が進んでいるにしても、現実に追いつくはずもないから。

空き家対策特別法に基づき、倒壊の恐れのある危険な建物として「特定空き家」に指定し、市が行政代執行で解体するところまでは至っていないので、それも無理だ。

**小田**　本当は大家と相続者が解体し、更地にした上で、住宅用地として売りに出してくれれば、問題は解決する。だがそれには三千万ほどのコストがかかる場合もあるし、難しいだろうが、土地買却金と相済するつもりなら可能でしょう。ところが相続者がそこまで決意するか、あるいは相続を拒否したらどうなるかも考えなければならない。

**中村**　私のところはアパマンが少ないからまだいいようなものの、そちらの自治会は40棟以上抱えているということだから、それこそ大変な「負動産」を抱えている。将来的なことが心配だね。

## 54　ゴミ問題

**小田**　次に続いて10のゴミ問題になります。これは中村さんのほうから話してもらったほうがいいし、わかりやすい。

**中村**　ゴミは自治会で全部見ているし、役員として、管理衛生担当がいる。これは会則に書き入れ、公的な職種とした。それは神奈川県の例を参照し、市のほうもOKしたことになる。それをベースにして、私のところはゴミ置き場が4つある。世帯数は135だけど、1つで50世帯分あるので収容量は万全だ。これらの屋根、柱、パイプなどの材料費は自治会が出し、元大工さんを始めとする自治会員の有志が作った。それまではネットをかけるかたちだったけど、今度は屋根付きで、とんでもなく立派なものだ。それは当然のことながら、自治会法人化によって自治会のものになった。

**小田**　至極明解でうらやましいくらいだ。こちらは衛生委員が2人いて、2年交代で担当してもらっている。

これはアパマンのところでもふれたけれどまずビニール、不燃物、古紙などのゴミ置き場は1つだけで、それらを出す曜日は決められている。その他に一般ゴミは15ある各組と各アパマンによって様々で、屋根付き置き場、金属のふた付き置き場、歩道や道路上の一角に指定された場所、河川の上の部分などが使われ、週2回の回収である。それらに加えて、月に1度は公会堂の敷地で、ビン、カン、プラゴミの各分別回収が行なわれ、便利で手軽なゴミ出しとはいえない。といって地区自治会のすべてがそうではない。各自治体と市のゴミ回収の歴史とシステムの問題にも起因していると思われる。

**中村**　確かに地域によって方法が異なり、とんでもなくややこしいし、しかも40棟以上のアパマンも含まれているわけだから。規模的にいっても、実質的にはこちらの4倍以上なので一概にいえないけれども、こちらは4つのゴミ置き場ですべてがうまくいっている。

ただそれは所有者がいる私道もあるが、公道、もしくは暗渠となった河川の上という、公共の土地を使っている。

**小田**　そうなの。開発された組はエリア内にゴミ置き場が作られ、アパマンのそれはオーナーの土地に置かれ、それ以外はかつての自治会、もしくは神社の土地などが使われ、所有者がいないに等しいグレーゾーンを形成していることになるし、これに市の道路河川課が関与しているようではない。ゴミ集積所設置等補助金要望書もあるので、ゴミ対策課との関係は想定しても、明確な答えは返ってこないだろう。

しかも衛生委員そのものが他の自治会委員と異なり、地域づくり協議会においても位置づけられておらず、市の文書には「ごみ問題も、行政が処理するのが基本ですが、分別や集積場所の管理は地域の住民が協力して行う必要があります」と述べられているのに、グレーゾーンにあると見なせる。

**中村**　私のところは自治会会則で、管理衛生担当委員の存在を明記し、市もそれを認めているけれど、そちらでは認められていないことになる。

**小田**　私たちも中村さんのところの会則にならって、衛生委員も含めた役員構成員を提出したが、通らなかったので、それらの委員の代わりに組長を準役員とすることで、認可されるかたちになっている。これもダブルスタンダードで県や市によるちがいというべきなのか。

ただこれは法人化をめぐる問題のところでいうつもりだったけど、この手の問題を大西巨人の『神聖喜劇』（光文社文庫）の東堂太郎的にやったとしたら、収拾がつかなくなってしまう。法人化による公会堂新築助成金申請も絡んでいるし、個人の問題ではなく、自治会プロパーとなるので、落としどころも必要となってくる。

**中村**　それはおそらく完璧に区分し、線引きして、完璧な自治会をめざすことはできないということだろうね。祭の話じゃないけれど、表向きにできないこともあるし、それをカミングアウトしたら自治会長の立場は存立しなくなりかねないからね。

**小田**　それでも他の自治会はどうなのかと観測してみると、町の自治会にしても多くが河川というよりも排水路の上にゴミ置き場を設置していた。それで昔見た火葬場の風景を思い出した。今は1ヵ所にまとめられたが、1960年頃には火葬場が河の土手の上に置かれていて、暗渠の上にあるゴミ置き場の位置は重なっているように思われた。

**中村**　なるほどね、それはタイムトンネルと通じて、現在のゴミ置き場にリンクしていることになるわけだ。
**小田**　だから自治会の出自としての農村的遺制、もしくはその地域全体の行政システムの歪みが現在のゴミ置き場問題にも表出しているのかもしれない。しかし無人アパマンの過去には煙草の葉が干されていた風景があったことを、もはや誰も覚えていないように、歴史は忘れ去られていくばかりだから。
**中村**　そのことはさておき、現実的には600世帯、1200人という規模だと、衛生委員の仕事は大変でしょう。
**小田**　だがトータルとしてのゴミの問題はこれまではっきりとは認識されておらず、主としてビニール、不燃物、古紙などのゴミ置き場だけを管理すればいいという方針だった。
ところがそうではなかったんだ、ゴミ問題は自治会エリアの全体、自治会加入者以外の住民も含まれていることを繰り返し伝え、衛生委員がようやく具体的に認識するに至ったのはしばらくしてからだった。それもあって、これまで2万円だった衛生委員の手当を4万円にした。当たり前のことだが、きれいな仕事ではないし、ナーバスな対応にも迫られるし、詳細に挙げていけば、これも大変な労力を必要とするからだ。多くの不法投棄もあるしね。
**中村**　確かに規模からすれば、その仕事は大変だろうし、まじめに取り組めば、きりがないほどの疑問も出てくるだろう。それこそ佐野真一の『日本のゴミ』（ちくま文庫）じゃないけれど。
**小田**　それで私も彼らばかりにまかせておけないので、週に1度はゴミ置き場めぐりをして、こちらもゴミ状況を定点観測するしかなかった。

そのような中で地元の鉄道会社が1区画12戸を開発し、ゴミ置き場は20戸分の大きさにするとの発案がもたらされた。それはいい話で、近くの組の人たちも利用できるし、好都合だ。さすがに地元の鉄道会社だけあって、ゴミ置き場にも配慮しているんだとわかった。

**中村**　そのゴミ置き場は自治会が法人化した際に所有権移転すれば、自治会のものになるので、うまく使えば、ゴミ置き場形態や使用も含め、これからの範とすることができる。

## 55　パソコン会計

**小田**　そのつもりでいますが、まだ開発中ですので、これからの課題でしょうね。
とりあえず、ゴミ問題はグレーゾーンが多く、こちらも解明しているとはいえないのですが、11の会計のエクセル化とその実務に移ります。
中村さんのところも、当然パソコン会計ですよね。
**中村**　いや、実はそれまで手計算でやっていた。だから会計担当役員の就任が最も嫌われていた。それをまず入力をエクセルでやるようにするのが最初の仕事だった。やはり自治会の法人化に際し、パソコン会計でないと対応が難しいし、必然的な流れでしょう。
**小田**　こちらは引き継いでみて、自治会で現代化されているのはエクセル会計だけだと思った。これは5、6年前に新住民の自治会長が続き、それを機として、紙だけの金銭出納帳からエクセルへ移行していたことをあらためて認識したわけです。

**中村**　そちらは私のところと異なり、自治会費の集金金額も多いし、それに見合って出金も多いはずだし、遅かったくらいじゃないかな。

**小田**　それはそうなんですが、こちらの地方はメーカー中心の産業が主体であることも作用してか、工場に勤めている人が多く、事務系サラリーマンや公務員は少ない。それは自治会役員を務める60代後半を考えてもそうだし、パソコン会計の経験はないので、役員になると習わなければならない。それもあって、自治会役員のためのパソコン講座までが開かれているのでしょう。

**中村**　でも、首都圏だからといって第三次産業のサラリーマンが多いので、パソコン導入が早いということはなく、年齢が同じなら大した違いはない。

**小田**　実はそれも気になる。会計に見合って、役員引き継ぎ書、回状フォーマットなどもエクセルにされたわけだけれど、できる人、わかっている人が自治会にどれだけいるかは疑問なのです。はっきりいえば、パソコン難民も多いのではないかということで、パソコンができないので、役員を引き受けられないとの声も上がってくる。勉強するか、妻子に代行してもらう手もあるけれど、そこまではいえない。

それからこれは他の自治会の例ですが、葬式の回状をＬＩＮＥで試みたところ、半分くらいしか伝わらず、さすがに時期尚早とわかったといっていました。

それでいずれ自治会役員となるであろう50代、40代、30代の人たちに聞いてみると、できると答えた人たちのほうが少なく、これも心配になるわけだ。現在の大学生のレポートのことを聞くと、パソコンではなく、スマホで書いて出してくるとのことで、実際に祭関係者の出した回状はスマホによっているように見受けられたからです。

**中村**　自治会の射程を30代まで含めれば、パソコン処理だけではなく、これまで話してきたすべての問題とつながってしまう。

私のところは広報として、月一回「自治会だより」を発行し、全戸配布している。これもフォームをUSBに入れておいて作れるようにした。それらは役所への対応、書類、役員会レジュメと議事録、訃報、行事案内、総会資料なども形式を入れてある。

今の30代が自治会の役員となる時代に日本社会がどうなっているかという問題にもなり、そこまでは予測できないから仕方がないよ。ただパソコンによって、会計のみならず、事務仕事、引き継ぎなどがスムースに行なわれるようになったことも確かだ。

## 56　「規約」の問題

**小田**　それは認めるよ。エクセル処理により、毎月ごとの入金、出金、及び費目、諸経費の明細もはっきりしたし、そのことを抜きにして、この対談も成立しなかったわけだからだ。

それは同時に12の「規約」の旧態依然と不備を浮かび上がらせることになった。これまではA4判一枚の「約束事項」があるだけで、それには自治会費、入会金、役員手当の金額明細の他に全戸会葬が謳われた葬儀と香料金額、さらに神社清掃、宗教行事の当番表などが並んでいる。これは本来あるべき「規約」ではなく、自治会員が自治会に支払う金額、及び自治会活動というより奉仕仕事一覧でしかない。おそらく自治会員とアパマンが急増し始めた1980年代に作成され、それが多少修正を見たにしても、40年以上にわたって通用してきたことになる。

**中村**　いや、すごいね。自治会員700人、250世帯をこれだけの「約束事項」で乗り切ってきたことだけでも、驚異的だ。ボス的人物がいる背景と同調圧力の見えない強さの反映、もしくは自治会員が揃って大人しいということに尽きるでしょう。

**小田**　でも前に市内の自治会は300に及び、法人化されているのはそのうちの100だから、依然として200の自治会は私のところがそうであるように、似たような「約束事項」のもとで、営まれているんじゃないかな。

やはりそれにその自治会特有の寺、神社、祭、それに出自としての町内会、農村、山村、漁村のエトスが絡み合い、現代化されていないどころか、近代のまま、もしくはそれ以前のしがらみを引きずったままで営まれているのかもしれない。

**中村**　そうか、そのことを考えると、法人化が万全だとはいわないけれど、ひとつの変化のきっかけなる。全国に30万あるとされる自治会の現在状況が社会の鏡にして、政治とも密通するような位相にあるのかもしれないし。

## 57 自治会と選挙

**小田**　いや、実際にあるんじゃないかな。例えば、市長選と市会議員選があり、地区自治会を地盤とする市長と市会議員候補者が立った。私は組長会で自治会を法人化する手続きを進めているし、それは「政教分離」が原則なので、個人で応援するのは自由だが、自治会としては関知しないと明言しておいた。私のところはそれですんだけれど、多くの自治会員が市長選の応援に加わっていたし、私以外の自治会長であれば、例の同調圧力に抗し切れなかったと思う。

その頃も静岡の市議選は自治会は自治会ぐるみで、それがコロナ下の市議選でもあり、さらに活発化しているとの報道がなされていた。

**中村**　法人化し、文書化して線引きすればよいのだが、そうでなければ難しいだろうな。こうしたコロナ状況下の選挙は投票率も下がるし、それこそ地域のボスたちの票まとめが期待される。公共施設に党名の入った選挙ポスターが貼られたりしているのはそうした関係からだろう。

私のところは自民党から塀に貼ってくれと頼まれたから、他のすべての候補に声をかけるようにした。そうすれば、当自治会が特定の政党に肩入れしていないことは伝わる。しかし現実的に協力しているかたちは必要で、自治会として議員に動いてもらう必要が生ずる場合には、自民党から共産党まで依頼することもできる。

**小田**　中村さんにそういわれていたので、私も市会議員に頼みましたよ。1年間水害問題で動いていたけど、どのセクションが担当なのかわからず、市のほうも同様だった。そこで旧知の市会議員に頼むと、1週間で農政課と道路河川課が協力して、対策及び現在状況の把握に関して当たってくれることになった。

**中村**　市を動かすに当たって最も効果的なのは市会議員に議会質問してもらうことだけど、これは自民党と共産党の双方からやるといいよ。

**小田**　そうか、中村さんは否定するかもしれないけど、あなたは現役時代から政治的に動くことに長けていたものね。

それでまた思い出したのが消防のことで、前に社協と絡んで少しふれたけど、市会議員候補者の3人が元消防団長とあった。今でも消防団長の肩書が議員への資格となることを教えられた。もちろん山陰地方では消防団長から政治家への道があることを知っていた。それにたまたま四国の道後温泉に出かけた時、ホテルの裏に大風俗街があるのを見て、誰が来るのかと尋ねたら、山陰地方の消防団の人たちだという答えが返ってきた。

## 58　消防団のこと

**中村**　本当にやれやれという話だし、自治会における消防団の問題は頭が痛い。それに地震や災害の時は消防団の若い衆が頑張って助けてくれるとまことしやかにいわれたりする。みんなが同じ部落や町内で働いていた時代と異なり、今ではほとんどがサラリーマンで、ふだん自治会内にはいない。どうやったら非常時に消防団活動に携わることができるのか、本当に絵空事でしかない。

**小田**　またまた昔の話で恐縮なんだけれど、かつて自宅の前が広場で、そこに火の見やぐらがあった。その裏が消防小屋で消防車《ぐるま》が入っていた。それは村八分の火事と葬式じゃないけれど、この2つは部落内の防災、共同体の象徴的なものだった。ところが1970年代半ばに部落の共有地だった広場が売却されたことで、火の見やぐらと消防小屋は解体され、新住民のマイホームになってしまった。そこら辺から村ではなく、自治会と呼ばれるようになった。

**中村**　『〈郊外〉の誕生と死』の「序」に書いてあったね。その時代でも火事は消防署にまかせればいいのに、消防団として延命してしまった。ところが火事が起きても、素人集団だから、現場にはいかせられず、せいぜい周囲の交通整理をしているだけだ。

**小田**　私のところは分団形式で市の消防団に組み込まれている。

**中村**　こちらは自警消防団と消防団の2つがあり、自警のほうは自治会傘下にある。そこでの自治会負担金は一世帯990円として、13万3650円を年3回に分けて渡している。それにまた別に分団として消防団があり、それは市役所の一部に位置づけられている。

**小田**　ところが分団形式の消防団は団長や隊長は公務員のはずで、その分団とは各自治会から選出され、ボランティア活動を強いられるかたちになっているし、自治会としても15万円払っている。それに3人の自治会からの手当は6万円だから、自治会負担は20万円を超えている。市内の自治会は300に及ぶわけだから合計すれば、5000万近い金を集めているわけだが、その領収書は地域づくり協議会会長名で出され、会計報告もなされていない。

**中村**　これは昨年から毎日新聞の記者が追いかけていて、消防団員は特別職の地方公務員として、年間報酬と手当が定められているにもかかわらず、実際には1719団体の6割が直接支給していないことを記事にしている。団がプールして、飲み会や研修目的の慰安旅行に使っていること。

**小田**　それは社協も同様で、こちらも公務員だけれど、自治会から一世帯500円の「社会福祉協議会会費」の「取りまとめ」の依頼が届き、「任意」とされているが、各自治会は明確に自覚せず、「取りまとめ」、支払っているのが現実だろう。

どうもその会費は地域づくり協議会福祉部会への助成金に使われているようだが、現実には職員による高額な使い込みまで発生している。

前にいった地域づくり協議会、消防団、社協、各種募金を合わせると、いわば自治会の上納金として80万円ほどの支出があるとわかる。これだけで、一世帯当たり3200円となり、中村さんのところの自治会費ではとてもやっていけないことが明らかだ。

だから『神聖喜劇』のようにやってみようと思ったけれど、市を相手にしても通用しないだろうし、長期戦だと覚悟しなければならないので、そこまでは踏み切れなかった。

## 59　文書化の推進

**中村**　そうだよね。私も5年間やったけれど、ずっとやるわけではないし。それからもうひとついえるのは、自治会長というのは社長ではないから決済権限がない。問題はここなんだし、肝要なのもここなんだ。みんなの意見も推量しなければならないし、同意も得なければならない。いつも総会が開けるわけではないので、毎月の役員会を取りあえずの決済機関とし、日常部分は役員会の決定とし、大きな議案は総会の決済とする。そのことを規約で文書化することが大事だ。そして、役員会の議案は自治会長がつくる。なおかつ役員会の議事録をつくり、それを年度末の総会で公開する。そうしないとうまく動いていかない。

**小田**　それは私が物事の決済をオープンにして、密室の談合でやらないといってきたことと同じだね。その一方で、自治会長は明確なプランニングを出し、役員会での決済を進め、回していく。

**中村**　そのためには暗黙の了解ではなく、文書化を進めなければならない。そうしないと、長くいて声のでかい高齢者たちの思い込みを崩せない。

**小田**　それはまさに実感しているよ。これまで話してきた事柄はすべてそれらに関連していて、その典型的な例を話しますよ。

私としてはまず自治会の現実を把握していくかたわらで、それでも宮本常一的な常民幻想もあり、できるだけ話し合いで、話も尽くし、とりあえずは自治会と宗教行事の分離を図った。それを発端として、法人化も含め、自治会長としての1年間で改革を進めるつもりでいた。

だから副会長兼自治会長代行としての最後の宗教行事の場で、その頃には私のイメージ戦略も功を奏し、過半数の賛同は得られると確信していたこともあり、これを最後に自治会の宗教行事は終わりにしたいと発言した。寺の住職は自治会の決定にまかせるとし、高齢者からの強力な反論も出されず、宗教行事を抜きにした年間行事表を作成することにした。

**中村**　ところがなんでしょう。

**小田**　そうなの、総会の席で、従来どおりの「年間行事予定（案）」を提出したところ、高齢者の1人が（案）だから決定ではないといい出した。旧住民の性格、それに新住民も加えた言葉に関する無責任性は百も承知だし、実際に副会長を受ける際にすでに経験していたこともあり、住民投票を実行するしかないと決意した。

**中村**　その自治会総会の議決方法の話を聞いて、自治会長に就任する始めに、それをやると、反発する自治会員も生じるだろうし、それこそ今後の自治会の決済の仕方にも影響が出ると思ったので、どうなのか心配した。

## 60　宗教行事についての自治会住民投票

**小田**　中村さんの心配ももっともだが、この1年で私の運営の仕方が浸透してきたことを実感していたので、それはさほど気にしていなかった。
それよりも問題だったのは、住民投票の根拠と方法なんだ。まだ法人化していないし、先に挙げた「約束事項」には住民投票のことは何もふれられていないし、そのような自治会員の民意を問う投票は行なわれたことがなかった。それにそうした場合、個人を対象にするのか、世帯とするのか、誰の名前で出すべきなのかなども考慮されなければならない。

**中村**　法的には自治会加入資格は個人なので、わたしのほうは会則では個人と記し、細則では便宜上世帯とすると記載している。で、どのようにしたの。

**小田**　「宗教行事についての自治会住民投票」として、総会後で私が自治会長として承認されているので、通常は三役の名前で出すのですが、他の2人に迷惑がかかってはいけないので、私個人の責任という意味も含め、私の名前だけにした。選択肢は「今まで通り、自治会の当番制で宗教行事を続けたい」と「宗教行事は寺と檀家でやってほしい」の2つで、世帯別、もちろん無記名でどちらかに○をしてほしいというものでした。
その結果、回収率は80％、前者の継続案は22で11％、後者の改革案は87％を占め、宗教行事と自治会の分離は決まったことになりました。もちろんただちに、その結果を15組ごとの配布、回収、投票数、また白紙数も含め、「回覧」としてではなく、「住民投票結果のお知らせ」を「配布」している。

**中村**　自治会長就任と同時にそれを実行するとは見事だね。最初から文書決済の例を示したことになる。それでリアクションはあったのかしら。

**小田**　陰では色々といっていたようだが、誰も私にダイレクトに反論をぶつけてくる者はいなかった。旧住民の高齢者にしてみれば、こんなに味方が少なかったのかというショックもあったんじゃないかな。

**中村**　まあ投票結果を見れば当然でしょうね。でも本当は我々にしても、女房や子供が私のいうことすべてに従うわけはないのだから、新住民が何の縁もゆかりもないに等しい高齢者についてくるはずがないことをその高齢者も自覚すべきなんだ。ところがそれがまったくわかっていない。

## 61　マンション建築計画

**小田**　いや、きっと家族の中ではいばれないので、外で力を発揮したいという欲求にかられているのだろうね。

そんなわけで、続けて法人化に取り組んでいこうと思っていた矢先に、コロナ禍に襲われた。そのために自治会のみならず、地区自治会＝地域づくり協議会の会合や行事も、5月まで中止となった。それを逆に利用し、行事のリストラと簡略化を試みるべきだと考えたから、法人化の手続きを進めることにした。

ところがコロナ禍の中にあっても、昨年来のマンション建設（これまではアパート、マンションの折衷型がほとんどだったので、アパマンと表記してきたが、これは本格的マンション）と住宅地開発は進められていて、これも法人化問題と絡んでいますので、まずマンション建設から始めます。その土地は自治会のエリア内にあり、住所表記も同じだが、地主は隣の自治会員で、１０００坪ぐらいの田んぼだった。１年前までは地主が米をつくっていたが、亡くなり、妻とサラリーマンの息子が残され、そこに大和ハウスがマンション建築計画を持ち込んだ。

この計画は田んぼの奥の３００坪に3階建18室を建てるというものだった。ただこちらの自治会の1組が隣接していた。この坪数だと貯水池を敷地内に設けなくてもいいからだが、工事に際して隣接した組の中央道路を使い、マンション入居者たちも、そこを出入りすることになっていた。

**中村**　それは大変だ。その組の生活と環境が一変してしまうし、反対運動がおきて当たり前だ。

**小田**　ただでさえ朝は幹線道路に出るのに交通渋滞がおきているし、事故だって頻発しかねないという。それでその組の会員と周辺の関係者がいきり立ち、私のところにもきた。そこで自治会にはゴミ置き場設置の許可権限しかないけれど、そちらの組の意向も承知しているので、その判はついていないと応じた。

**中村**　そういうしかないね。他に自治会長に決済権限は何もないわけだから。

**小田**　そうするうちに、その組と周辺関係者が大和ハウスと地主に説明会を開くことを要求し、私の出席も求めてきた。

そこでの私のポイントは3つだった。家賃から逆算すると建築費はトータルで3億円で、すでに建築確認も下り、銀行融資も確定しているので中止は無理だろう。

その代わりに設計と工事スキームの変更は可能か。またマンション完成後、自治会に加入するのであれば、その1棟を1組とし、大和ハウス組として扱い、自治会費集金やゴミ置き場はその管理会社にまかせるというものだった。

**中村**　さすがに用意周到だね。

**小田**　3つ目の大和ハウス組が実現すれば、それをモデルとして、大東建託組、東建コーポレーション組などを促し、各管理会社に自治会費とゴミ置き場の問題を委託できると考えたからだ。そうなれば、自治会の仕事と問題はかなり削減できるし。

**中村**　それで説明会はどうなったの。

## 62　マンション説明会

**小田**　説明会は大和ハウス側が営業、設計、建設担当者が6、7人、それに地主親子が出てきた。地主のほうの説明は世帯主の死で農業ができなくなり、田んぼも維持できないし、固定資産税は市街化区画にあるので、固定資産税は宅地並み課税で高い。このままでは、自宅を手離し、税金を払っていくことになる。そこに大和ハウスが土地有効活用、及び収入源となるマンション計画を提案してくれたので、大和ハウスにおまかせすることになったと。

**中村**　どこのマンションプロジェクトにしてもそのようなストーリーで進められていくのだろうね。そしてその1棟だけでは終わらず、まだ700坪残っているとすると、まだ2棟は建つはずだから。

**小田**　よくわかったね。

**中村**　それは郊外の自治会長をやっていれば、否応なく目につく光景だし、前にいった大東建託村の出現なんてその典型と見なしていい。それで大和ハウスのほうはどうだったの。

**小田**　大和ハウスはこのような説明会には手慣れているし、その組の質問や反対意見に対しても専門用語も散りばめ、法的条件もクリアーし、工事も万全を期するというばかりで、当然のことながらかみ合わない。それに何よりも、大和ハウスは地元ゼネコンではないし、それぞれの社員たちにしても、数年で転勤してしまうので、短期の点を押さえれば、長期の線としての責任を考える必要はない。

それでも説明会は長びいたので、もう一度開くことになり、一度目は終わった。この組はまとまりの薄い印象があったけれど、こういったことに直面すると、そういう組でもそれなりに団結し、一丸となることをまざまざと感じさせてくれた。

それはともかく、結局のところ、地主がどう出るのかが問題だと思った。大和ハウスは慣れているので動揺しないが、地主親子は近隣の住民であり、かなりプレッシャーを受けているように見受けられたからだ。

**中村**　それはそうだよね。おそらく地主のほうも、そんなに大勢から長時間にわたってつるし上げられるといって悪ければ、非難を浴びせられたことはないはずだから、気を病むに決まっている。

**小田**　そのとおりになった。二回目の説明会で、新たに田んぼの中に道路を設け、そこを通って建築工事をするし、建設後はマンション居住者の専用道路として使う変更案が提出され、その組の人たちはひとまずはそれに納得し、その変更案を了承することになった。

その後大和ハウスの営業マンが挨拶にきたので、最初から代案としての工事変更はあったのかと尋ねたら、それは会社としてはほとんどないし、地主側からの申し出によるものだったという。それで大和ハウス組のほうはどうなったかというと、自治会とゴミ問題に関する覚書を結んでほしいなどと提案したこともあってか、ゴミは自主回収し、自治会には加入しないとのことだった。

**中村**　あなたの目論見は外れてしまった。

**小田**　それはそれでいいし、自治会にとっては自治会費は入らないにしても、ゴミ問題は関知しないことになるので、かえって楽だとも考えられる。その際に営業マンがもらした言によれば、ゴミの自主回収経費は年間50万円ほどかかるという。ということは大東建託などにしても、コストからいって自主回収はできず、自治会を通じての市の回収にまかせる他はないことがわかった。これがアパマンのゴミ問題に潜んでいる大きなファクターであることも。

**中村**　だからこそ、前にふれた遠鉄の開発地におけるゴミ置き場設置の問題へとつながっていく。

**小田**　そういうことだね。遠鉄は地元のデベロッパーであるゆえに、住宅地開発に際してのゴミ置き場問題を熟知していたとわかる。

## 63　新たな住宅開発

**中村**　その新たな住宅地開発にはどのような経緯と事情があるのかな。長い間自治会長を務めたけれど、幸いにしてなのか、残念というべきなのか、自治会エリア内での新たな住宅地開発はなかったから。

**小田**　これも入り組んだ事情があるので、一連のストーリーを話すと長くなってしまうけれど、かまわないかな。

**中村**　わかっていますよ、後学のためにぜひ聞かせて下さい。

**小田**　これは遠鉄から知らされたのですが、この地番はこちらの自治会とは異なり、近隣自治会のものだった。ところが7、8年前に、その近隣自治会が法人化するに際して、その土地は所有者もこちらの自治会員であるので、線引きから除外していた。ところがその線引き外には当自治会ともうひとつの（以下隣接自治会）自治会があり、双方とも法人化していないことから境界が確定されておらず、また地番は近隣自治会のものであるゆえに、どちらに属するのか、歴史的経緯もあるだろうし、これは難しかった。

**中村**　自治会のエリアを決定する際に、飛び地をどうするかという問題と共通している。

**小田**　それで線引きの事実を確認するために、法人化した近隣自治会に問い合わせたところ、関係書類は公会堂のどこかにあると思うが、かなり前のことなので、誰も知らないという返事が戻ってきた。

そこで市役所に赴き、近隣自治会の法人化資料を閲覧すると、こちらの自治会長と交わした境界に関する覚書が出てきた。ところが当時の自治会長に聞くと、近隣自治会から出された線引き地図を見て、判を押しただけで、詳しい説明は何もなかったという。

それならば、こちらの自治会員である土地所有者に話を聞くしかない。そこは1000坪ほどの田んぼで、もはや自らは農業から引退しているが、80代半ばの所有者は健在だったからだ。ヒアリングしてみると、次のような事情が判明した。半世紀前の耕地整理事業で、地番は異なるが、自分の農地でもあり、当自治会内の土地として予算も認められ、近隣自治会の了承も得ている。それであのような線引きになったのだと。

**中村**　なるほど、その1960年代の耕地整理事業というのも、あなたが『郊外の果てへの旅／混住社会論』の中で言及している戦後の国土計画と大いに関連しているんだろうね。そのエピグラフとして挙げられているベンヤミンの「かつて起こったことは何ひとつ、歴史から見て無意味なものとみなされてはならない」というテーゼを思い出す。

## 64　新しい組の編入

**小田**　それに伴う市街化区域と市街化調整区域という線引きもね。でもこれらにふれるときりがないので、話を開発地に戻します。

そこら辺の経緯と事情を開発分譲のために購入した遠鉄もつかんでいなかった。それでまずは地番の共通性のある線引き外の隣接自治会に完成後の編入を申し込んだ。ところがほぼ同世代の自治会長は組の編成を終えたばかりで、新しい組を受け入れると、もう一度やり直さなければならないことになると断わったのである。そこでこちらの自治会に編入をお願いしたということになった。

しかしこれは自治会にとっても、その開発地に住む人たちにとっても、これから長きにわたる生活問題ともなるわけだから、安易に決められない。それに自治会を引き受けるに当たって、役員や旧住民の高齢者たちの談合や密室での決定は排除し、オープンにして総会で経緯を報告することを旨としていたので、遠鉄を通じて、そちらの自治会からこちらの自治会への編入要望書を出してもらうことにした。そうすれば、近隣自治会との境界の「覚書」、及び隣接自治会の開発地「編入要望書」によって、地番が異なるという疑問や反論に対しても、こちらの自治会が引き受けざるを得なかった事情がはっきりするし、証拠としても残されるからだ。

**中村**　そこまで用意周到な手続きをふめば、疑問や反論は出なかったでしょう。

**小田**　ところがなんです。こちらの自治会からではなく、その隣接自治会のほうから、そちらへの編入の話は聞いていないという話が出てきた。これも旧住民と新住民の対立から起きている。

**中村**　それはどういうことなの。

**小田**　実は田んぼのままであった時には気にしていなかったようなんですが、造成が始まると、具体的に広い一組ができるとわかり、旧住民の高齢者たちが自分の自治会に入れるべきだといい出した。このままでは住民も若い人も増えないし、開発地を取り込むのは願ってもないことではないかと。

しかし新住民の自治会長が組長の賛同を得て、こちらの自治会への「編入要望書」をすでに出している。それで旧住民が総会の承認も得ていないのに勝手なことをしたと自治会長のところにどなり込んだ話が聞こえてきた。でもこちらの自治会にしても、法人化していないし、自治会の綿密な総会規約もないので、三役と組長会の承認を頭からくつがえすわけにはいかない。すでに次の自治会長も決まっていて、こちらも新住民たちであり、前自治会長と組長が決めたことだから、その決定に従うとの方針だった。

ただそうはいっても、そちらの自治会長や旧住民の立場もわかるので、私も出ていって説明するしかない。そこでこれまでのその土地をめぐる歴史的経緯、耕地整理事業の事情、所有者の言い分などを説明し、何とか了解してもらった。

こちらの自治会のほうから地番が異なるのに自治会に加入させるのか、組が増えるとわずらわしいとか、いい出されるのではないかと予測していたが、開発がかなり進んだ段階で、いやそれが当たり前か、そちらの口治会からそのような話が出されるのは意外でもあった。

**中村**　大規模なニュータウンや団地開発によって、大きな物語としてひとつの自治会が生まれるのではなく、小規模の開発を通じてのひとつの組の発生はそのような事細かな自治会員の思惑なども反映され、自治会に照り返されていくという格好の事例といっていいかもしれない。

隣接自治会との境界の件ではこちらは1960年代の新興開発区域で、それまでにあった旧住民の自治会への加入の申し出がなされたが、世帯数が多くなってしまうことから、断られたと聞いている。でも何の文書も残されていないし、自治会の記録の残し方も難しい。

**小田**　そうだね。その後、法人化に際し、近隣の4自治会と境界に関する「覚書」を交わすことになるが、このうちの3自治体は二級河川や幹線道路で、境界をはっきり確定できたので問題は生じなかった。だがこの隣接自治会とはまたしても交渉というか、事前調査と情報交換を必要とした。これは後述します。

## 65　自治会の法人化

**中村**　さて、まだふれてこなかったことも多いけれど、自治会と自治会長に関するストーリーはひと通り話してきた。そこで自治会長として、そろそろ自治会の法人化に向かうしかなかったことに入っていこうよ。

**小田**　私もそのつもりでした。とりあえず、私のほうの自治会事情はかなり細部にわたって述べてきました。あらためて確認してみますと、自治会をめぐる地域特有の行政環境、アパマンの過剰、世帯数と人口と外国人、宗教行事と祭典、自治会員の高齢化、ゴミ問題、無人アパマンと空き家、従来の「規約」の不備などに関してだった。

実質的に会長と副会長兼会計を1年間経験しまして、これらの問題を整理し、改革し、新たなルールを導入していくためには自治会の法人化を図るしかないという心境に至った。幸いにして、市のほうも地域づくり協議会に自治会問題を丸投げしているにもかかわらず、法人化は推進していて、すでに3分の1が法人化されている。20世紀末には自治会法人化は5％ほどだったことからすれば、全国的にも法人化は進められているんじゃないかしら。

**中村**　私のところは詳しく調べていないけれど、半分ほどが法人化されているはずだ。

これは1991年の地方自治法の改正によって、事実上存在している「地縁による団体」は不動産、もしくは不動産に関する権利を所有するために、市町村長の認可を受ければ、法人化できて、不動産の取得が可能となるものです。

これは前にもいったと思いますが、主として公会堂の改築新築、改築公用地の払い下げなどをきっかけにして、行政の指導により、法人化されるケースが多いのではないかと推察される。念のために、「地縁による団体」に関する「地方自治会260条」を示しておきます。

第260条の2〔地縁による団体〕

町または字の区域その他市町村内の一定の区域に住所を有する者の地縁に基づいて形成された団体（以下本条において「地縁による団体」という）は、地域的な共同活動のための不動産または不動産に関する権利等を保有するため市町村長の認可を受けたときは、その規約に定める目的の範囲内において、権利を有し、義務を負う。

（2）前項の認可は、地縁による団体のうち次に掲げる要件に該当するものについて、その団体の代表者が自治省令で定めるところにより行う申請に基づいて行う。

一　その区域の住民相互の連絡、環境の整備、集会施設の維持管理等良好な地域社会の維持及び形成に資する地域的な共同活動を行うことを目的とし、現にその活動を行っていると認められること。

二　その区域が、住民にとって客観的に明らかなものとして定められていること。

三　その区域に住所を有するすべての個人は、構成員となることができるものとし、その相当数の者が現に構成員となっていること。

四　規約を定めていること。

（3）規約には、次に掲げる事項が定められていなければならない。

一　目的

二　名称

三　区域
四　事務所の所在地
五　構成員の資格に関する事項
六　代表者に関する事項
七　会議に関する事項
八　資産に関する事項

（4）第二項第二号の区域は、当該地縁による団体が相当の期間にわたつて存続している区域の現況によらなければならない。

（5）市町村長は、地縁による団体が第二項各号に掲げる要件に該当していると認めるときは、第一項の認可をしなければならない。

（6）第一項の認可は、当該認可を受けた地縁による団体を、公共団体その他の行政組織の一部とすることを意味するものと解釈してはならない。

（7）第一項の認可を受けた地縁による団体は、正当な理由がない限り、その区域に住所を有する個人の加入を拒んではならない。

（8）第一項の認可を受けた地縁による団体は、民主的な運営の下に、自主的に活動するものとし、構成員に対し不当な差別的取扱いをしてはならない。

（9）第一項の認可を受けた地縁による団体は、特定の政党のために利用してはならない。

（10）市町村長は、第一項の認可をしたときは、自治省令で定めるところにより、これを告示しなければならない。告示した事項に変更があつたときも、また同様とする。

（以下省略）

## 66　自治会の「会則」と「細則」

**小田**　これですね。

自治会法人化に関しては中村さんのほうが先行していたので、神奈川県と埼玉県のサンプルを照らし合わせ、作製したそちらの自治会の「会則」と「細則」を範とさせてもらった。それにこの「地方自治法260条」、及びこれにまつわる「地方自治会施行規則第18、19、20、21、22条」をもふまえ、こちらの「会則」と「細則」もつくったわけです。

これをつくる過程で、市と法人化をめぐる交渉をしたのだが、そこに前にふれた様々なダブルスタンダードが露出してきた。それはとりわけ「会則」と「細則」のダブルスタンダードとして。

**中村**　まさにそうなんだ。自治会法人化にあたって、「地方自治法260条」は個人の構成員とされているので、「会則」では自治会員は個人とするしかない。それに基づいて、構成員名簿を作ることになるが、年齢、性別、国籍などによる除外はできないので、構成員名簿への記載が必要とされる。

その構成員名簿作成はともかく、個人単位で表決権を持つとすれば、それが子供にまで及ぶことになる。そこで「細則」で、運用上は構成員単位は個人ではなく、世帯とし、会費も世帯単位とするわけです。そうしないと、例えば総会にしても、その委任状にしても、人数からして、現実的に対応できない。

ところが市からの交付金の場合、世帯単位で交付されるので、これも行政のダブルスタンダードと見なせる。

**小田**　それは私が挙げた地域づくり協議会会費、社協会費、消防団会費なども同じで、必ず世帯単位での支払いを要求されている。それなのに消防団はきちんとした決算報告はなされないままで、どうなっているのかと思う。

**中村**　そのことは自治会連合会にも共通しているんじゃないかな。そこでの事業活動にしても、単位自治会から挙がってきた要望を反映するものではなく、上部団体、例えば県の自治会連合会の下請けのイメージが強い。そうなると、トリプルスタンダードと見なしたくなってしまう。何せ「地方自治法260条」には「地縁による団体」が「公共団体その他の行政組織の一部とすることを意味するものと解釈してはならない」と謳われているにもかかわらず、自治会連合会の一部のように扱われているわけだから。そしてその上部団体への上納金まで負担させられている。

## 67　自治会連合会

**小田**　それはいえます。こちらの自治会連合会の事業には総務、防災、住民安全の3つがある

## 市自治会連合会組織図

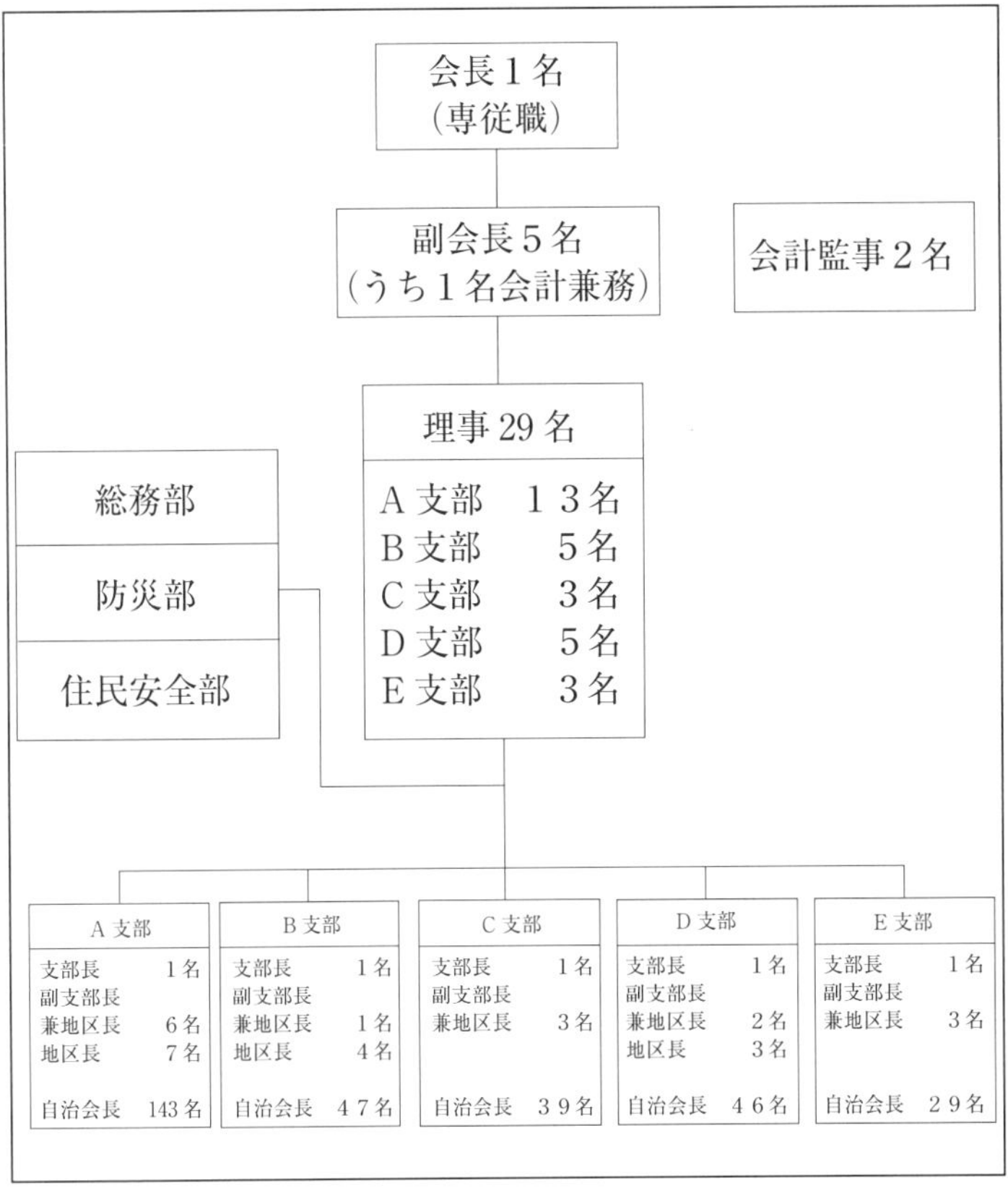
会長１名
(専従職)
副会長５名
(うち１名会計兼務)
会計監事２名
理事29名
A支部　１３名
B支部　５名
C支部　３名
D支部　５名
E支部　３名
総務部
防災部
住民安全部
A支部
支部長　1名
副支部長
兼地区長　6名
地区長　7名
自治会長　143名
B支部
支部長　1名
副支部長
兼地区長　1名
地区長　4名
自治会長　４７名
C支部
支部長　1名
副支部長
兼地区長　3名
自治会長　３９名
D支部
支部長　1名
副支部長
兼地区長　2名
地区長　3名
自治会長　４６名
E支部
支部長　1名
副支部長
兼地区長　3名
自治会長　２９名

けれど、私が先述した自治会の問題に対して、真摯に向かい合おうとするものではなく、役職、支部、事業部などの組織図は示されているものの、県や市と自治会の間に置かれた半官半民形式の実態のないお飾り組織のように見える。

会長↓理事↓支部長↓地区自治会長↓単位自治会長というピラミッド構造で、単位自治会から会費102万円を集め、会長、副会長、理事手当だけで、190万円の支出となっている。公費が自治会から出されていることは自治会費の一部と市からの交付金によって、自治会連合会も営まれている事実を告げている。そこでこの「組織図」を引いてみます。

**中村** こちらもほとんど同じ構図でしょう。

**小田** その上には県の自治会連合会が控え、さらにその上には私たちには見えてこない国と官僚組織が君臨しているはずだ。

## 68 大政翼賛会組織図

**中村** おそらく総務省自治行政局までつながっているのだろうね。

とすれば、現在の単位自治会は名ばかりの自治会で、戦前に変わらない町村支部のようにも思われてくるし、その構図は大政翼賛会のままなのではないかという疑念すらも生じてしまう。念のために「大政翼賛会組織図」も示しておきましょう。

**小田** つまり「市自治会連合会組織図」は下半身であって、「大政翼賛会組織図」にあるよう

## 大政翼賛会組織図

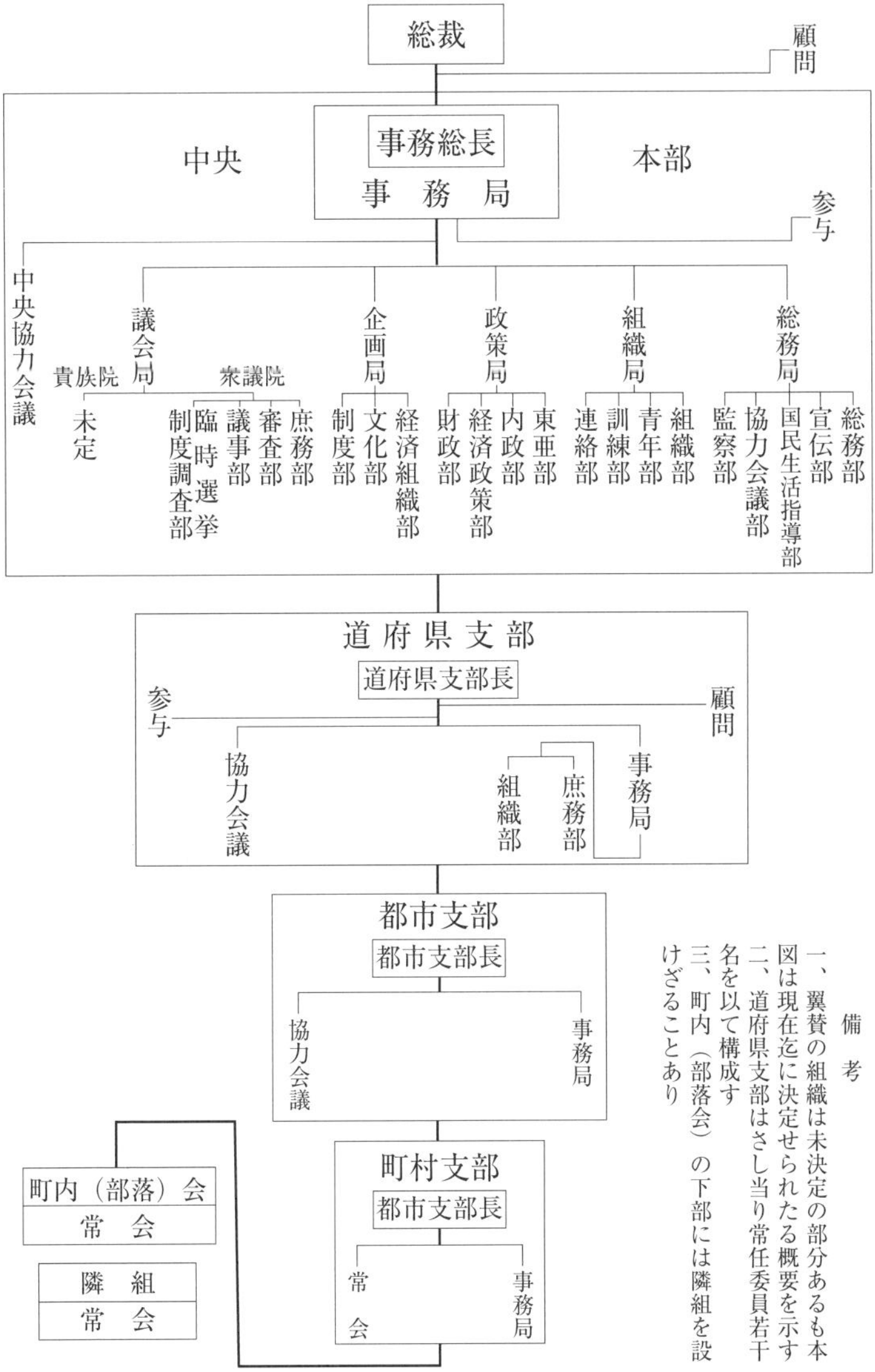


備考

一、翼賛の組織は未決定の部分あるも本図は現在迄に決定せられたる概要を示す

二、道府県支部はさし当り常任委員若干名を以て構成す

三、町内（部落会）の下部には隣組を設けざることあり

な上半身が存在しているのではないかということですね。

**中村**　大げさなことをいえば、我々の自治会長体験はこのような官僚行政下の管理のもとでの自治会の自立を求める営みだったのかもしれない。でもあなたもそうだったように、私にしても、自治会という下半身の問題にはできる限りの労力を注ぎ込んだけれど、こうした上半身の世界にはほとんど立ち入れなかった。

**小田**　それは仕方がないよ。私にしても自治会を法人化するだけで、2年を要してしまったし、そちらまでは手が回らなかった。

それに実感されるのは自治会の場合、自治会員も含めて自治会費は自ら払っていることもあり、曲がりなりにも実態経済で身銭がつきまとうことに対し、自治会連合会は自治会から集める会費、及び交付金という税金によって成立しているので、痛みを感じないシステムになっているからだ。

**中村**　国レベルの連合組織は「全国自治会連合会」というのがある。32団体で構成されていて、静岡県は加盟、埼玉県は非加盟だ。その行政側の窓口は総務省自治行政局だ。でもそれらのこともいっているときりがないので、そちらの自治会の法人化にまつわる話に戻しましょう。

## 69　自治会員と賛助会員

**小田**　まず念頭にあったのは法人化するのであれば、自治会を全体的に捉え、自治会員にも具体的に伝えなければならないということでした。それは従来の自治会加入世帯だけではなく、法人やアパマン居住者を含めてで、自治会経営から見れば、自治会費の半分近くを占めていたからです。

それで中村さんの意見も聞いていたので、法人やアパマン居住者は賛助会員として位置づけ、自治会費は各法人、各アパマンとの取り決めによって支払うが、役員、委員、事業や行事参加は免除するものです。ただ法人やアパマン居住者でも、希望するならば、自治会員となることができるとしました。

**中村**　それが一番オーソドックスだよ。アパマン居住者でも子供がいたりすると、自治会の子供会、もしくはＰＴＡ絡みの学校の仕事に携わる場合も出てくる。そうした際に、自治会に入っていたほうがいいと思うかもしれないし、杓子定規であってはいけない。

**小田**　そう、開かれた自治会でなければならないからね。

また「会則」や「細則」を整えていく一方で、自治会員の法人やアパマンに関する要望はそれらに基づき、法人やアパマンと排水路清掃、貯水池管理、自治会費の納入などについての「覚書」を交わしたり、文書を出したりした。そしてそうした活動を通じての法人やアパマンの現在状況を把握する試みを重ねていった。

## 70　コロナ、総会、書面採決

**中村**　それだけでなく、そこにはコロナも重なっていったわけですね。私の場合、コロナには襲われていなかったので幸いだったが、コロナは自治会にどのような影響を与えましたか。

**小田**　私が自治会長としての総会は3月でしたし、また市には1人も感染者が出ていなかったこともあり、何とか開くことができた。それが宗教行事についての住民投票に至るきっかけになったことは先述したとおりです。しかしその夜の恒例の飲食は人が集まらず、実際には流れてしまったのと同じだった。やはり会食出席者の高齢者が多いことから、自粛というよりもウイルス感染の恐れが明らかだった。実際に地域づくり協議会と交流センターからは6月までの活動や行事がほぼ中止との知らせが入った。

私としては逆にこれはいい機会と捉え直すべきだと考え、年間行事やスケジュールのリストラに踏み切ることにした。前の1年は自治会長代行の立場にあったので、そこまでは実行できなかった。今度は正式に自治会長に就任し、宗教行事についての住民投票によって自治会の宗教分離の承認を得た後でもあった。

**中村**　総会は書面採決もできるようになった。そのためには総会資料を事前に作成しなければならない。つまり文書化することをルーチン化することが可能となったわけだ。それで私よりも短期決戦で、一気に攻めていこうとしたことになる。

**小田**　そういうことです。私が実質的に自治会長兼副会長＝会計として1年間やり、自治会での初めての住民投票も実施し、自治会のイメージも空気を変わったことがわかっていた。それに三役のうちの副会長は幼馴染の持ち上がり、もう1人の新任の副会長＝次期自治会長とも色々と話し合い、彼にしても自分が自治会長を引き継ぐに際して、年間行事やスケジュールが楽なほうがいいことは了解していた。

そうして三役の合意を固めた上で、神社や祭典などの年間行事関係者と協議し、行事の中止とリストラを進めた。それは漠然とした義務によって続けられてきた土俗宗教との分離、そのことによる自治会経費の削減、これからの委員の労力の軽減などを意味していた。

**中村**　つまり寺の宗教行事に続いて神社の宗教行事にも手をつけたわけですね。自治会館が神社の敷地内にあるところが結構ある。これも長い間に混じってしまった結果なのだろうね。無人化した神社の社務所はまず自治会の集合場所になっている。これは私も試みたけれど、神社をめぐる問題は自治会に大きく根を張っている。神社の土地と建物の登記と所有権、神社本庁や伊勢神宮との関係なども調べていけばきりがない。

## 71　共同体における死と祭

**小田**　この神社問題も消防団と並んで、大政翼賛会体制が続いているように思われてならない。ただ寺は檀家の関係で割り切れるけれど、神社は氏子と祭の問題が入り乱れているので、これを簡略なチャートで説明し、納得してもらうのは容易ではない。

ただ職業の問題はひとまずおいて、私の共同体のイメージからすれば、やはり死と祭に尽きるのではないかと思う。それを実感したのは21世紀に入って、近くに農協の葬祭センターが設けられ、自治会のほとんどの葬式がそこで営まれるようになったことです。かつての葬式はすべてが自宅で行なわれ、それに参列することは死者のことを思い浮かべ、別れを告げるようなニュアンスを必然的に伴っていた。それが現代的葬式として葬祭センターで営まれるようになったにしても、死はやはり共同体の象徴的なものとして、自治会に組み込まれ、役員の葬儀参列は義務づけられている。

私と会っている折でも、中村さんも今夜はお通夜だとか、明日は葬式だといっていたから、かなり多くの葬式に連なったと思いますが。

**中村**　昨今は家族葬が増えて、葬式が終わってから、その人の死を知ることが多くなってきた。でも確かに通夜と葬式を合わせれば、どれだけ出たかわからないほどだね。そういう意味において、死と葬式は自治会の仕事として根幹にあるし、公の防災訓練、防犯、交通安全といったキャンペーンの影に隠れがちだが、重要にして象徴的なものとして在り続けるだろう。

**小田**　その死に対して、祭は再生でもあり、両者がコアとなって近代の共同体を支えてきたんじゃないかな。

だからこれからの自治会は60代の役員が担った葬式を始めとする日常業務、30代の人たちが主となる祭を車の両輪のようにして営まれていくべきだと考えたわけです。

もちろんそんなことはいいませんが、とにかく神社行事にしても屋台（山車、みこし）を伴う祭へと一本化していくことも念頭に置いた。それもあって、あなたがいわれた神社と自治会にまつわる問題は手をつけられなかったし、今後の問題として残されている。

**中村**　葬式が神道という場合もあるので、そこも難しい。本来であれば、自治会、神社、祭という関係から、氏子連、神社、祭の三位一体へと移管させることが理想的だが、地域社会における祭と神社の位置づけと歴史、その知名度と規模の大小、観光まで含まれる祭のことなどを考えれば、とても無理だろう。

**小田**　そう、これもいってみれば、「地方自治法260条」の及ぶところではないし、適用外の問題ということになる。これはトリプルスタンダードといっていいでしょうね。

しかし私のところの祭は前にお話したように、そうした大層なものではないし、神社との関係にしても、つながり自体が曖昧なものでしかないので、中止しても異議は発せられなかった。

**中村**　おそらく宗教行事に関する住民投票も実施したばかりだったし、話からして寺に比べて神社のほうはそれほど権威の対象ではなかったことも作用しているんじゃないかな。それに文書による伝達と決済はよき前例となっている。

**小田**　そうであればいいのですが、何やかやしているうちに、市の2つの秋の大祭が中止となったことで、地区自治区とこちらの秋祭も同じく中止になり、こちらにはそれはそれで好都合だった。自治会関係者と協議の上に、結果的に市の方針と決定も加わったわけですから。

今年の秋祭も市の2つの大祭の行方次第ということになっているが、これもどうなるのか。オリンピックではないけれど、主宰者に近い人々のやりたいという声が聞こえてくる。そこら辺も含めて、屋台を伴う秋祭も、将来的展望も含め、もう少し関係者と協議しておけばよかったと思う。

**中村** でも2年でそこまでやれば、立派なものだ。

## 72 法人化3点セットの提出

**小田** まあ、これらの件はコロナに合わせ、関係者協議の上として中止の回状を出し、最終的に総会にかけ、終わりにするつもりでいた。ところが先に市の方針と決定が出てしまった。その一方で、自治会の新しい「会則」や「細則」も作成し、三役で読み合わせも行ない、市の了承を得た。そこで9月の組長会に「会則」「細則」「自治会範囲地図」を提出した。そしてその要点として、添付用紙に「本会員と賛助会員の区別」、「総会などにおける委任状と議事録作成の必要性」、「重要議題、案件は1世帯1票で、委任状も含め、過半数の賛成によって成立」を記し、3点セットでともに回覧を依頼した。

また「自治会法人化に向けて」をタイトルとした添付用紙には「これは次年度総会において、過半数の賛成を得た上で決定となります。また半年先ですので、疑問や提案、要望がありましたら、小田までお問い合わせ下さい」とのメッセージも付しておいた。

**中村** それでどうだったの。

**小田** 総会までの半年間、誰も何もいってこなかったし、このことに関して電話による問い合わせも一度もなかった。

**中村**　まあ、そうだろうね。まだ一部の人々を除き、ほとんどが自治会は関心の外なんだ。

## 73　自治会エリアの線引きと飛び地

**小田**　でもそのことはともかく、法人化に向けての自治会のエリアの決定と近隣自治会との覚書を進めなければならなかった。

前にもいったと思うけど、近隣自治会は4つあり、3つは幹線道路と2級河川で分断されるので、それほどの問題はない。しかし新しい開発地の所属をめぐって色々あった隣接自治会にこちらの飛び地があって、それが気がかりだった。

**中村**　かなりあったの。

**小田**　地名は隣接自治会と同じだけど、こちらの自治会員の飛び地が数千坪あり、畑と田んぼで、地主は5人ほどいた。おまけに畑のほうは2年続けてやっていた副会長が様々な野菜を育てていた。それでこの畑だけでも、こちらの自治会にと考え、彼とどうするか相談しながら調べていくと、やはり田んぼが出てきた。ただ近年相続も発生しているので、それらがすべて田地主のものなのかは不明である。

そこで隣接自治会の大型農家で、それらをすべて借地し耕作している人にヒアリングしてみると、やはり相続に際して売買されたりして、田んぼによっては地主も代わっているようだった。

そこら辺の話になるとプライバシーの問題にもなるし、飛び地問題は話がこじれれば、その大型農家へも跳ね返っていくかもしれない。それはこちらの住宅地開発で経験済みだし、将来的にどのような波紋を及ぼすかもわからない。

それもあって、畑の所有者である副会長ともよく話し合い、こちらに畑を含めて飛び地のすべてを取り込むと、線引きが複雑になってしまうし、それを主張すれば、必ず隣接自治会からも苦情が出て、説明を求められるだろう。こちらの住宅地開発では一度引いてもらっているので、今回は向こうを立てるしかないと思う。こちらの自治会内に位置しなくても、実質的にあなたが地主であることに代わりはないし、野菜を育てることに差し障りはない。もちろん将来的に何らかの不都合がまったく生じないとはいいきれないけれど、それでよければ、あなたの畑を範として、他の飛び地の田んぼも、そのように処理したいと伝えた。彼もそれで了承してくれたし、他の人たちも見習ってくれたので、線引きの問題はシンプルに解決できた。

**中村**　小田さんもずいぶん丸くなったものだね。昔を知っていると信じられないくらいだよ。それはご苦労さまでした。私のほうにしてみれば、そのようなネゴシエーションは想像できないし、やはり出自を農村とする自治会ならではの逸話ということになるんだろうね。

**小田**　本当にそうだ。でもこれがまだ農地だからいいようなものの、もし太陽光発電用となったらどうなるかわからない。線引きではないけれど、点で見るだけでなく線で見ないといけないし、そのように決めることが将来的にプラスかマイナスなのかも、ある程度予測しておく必要もあるからね。

ただこれは当事者たちだけの問題で、一般の自治会員にとっては無関係な一件だし、プライバシーの問題もあって、オープンにはしなかった。

**中村** 私有財産の問題だから、オープンにする必要はないんじゃないかな。ところで神社の祭典のほうだけれど、屋台の引き回しは中止になったにしても、神事などはどうしたの。

## 74 自治会員の話を聞くこと

**小田** 当初は神主と役員と関係者だけの簡略なものにするつもりでいたが、初めてのしめ縄披露もあって、神事を終えた後、境内で酒だけは振る舞うことになった。神事にお神酒は欠かせないし、外での飲酒であれば、長くはならないし、コロナも大丈夫だろうという判断からだ。
**中村** それにたまには呑まないと。
**小田** そうなんだ。やはり自治会長に就任して半年ほど経つと、目に見えて味方になる人たちも増えてきた。それはずっと自治会員からの何らかの要請があれば、こちらからできるだけ赴き、苦情なども含めて話を聞き、素早い問題解決や処理をしてきたからです。それに加えて、物事をあまり複雑に考えず、シンプルなかたちで捉え、そこに解決や処理の道を考えることを繰り返してきた。そこら辺の私の方針がわかってもらえるようになってきた。

**中村**　その姿勢はものすごく重要かもしれない。これはよくいわれることだが、異性にもてる秘訣はその話を聞いてあげることに尽きると。それは自治会員も同じで、しかも半分は女性なんだから。

**小田**　そういわれてみると、要請を受けたり、苦情を伝えたりしてきたのはほとんど女性で、これまでの自治会は何も聞いてくれなかったといっていた。実際に自治会だけでなく地域づくり協議会にしても、各自治会の話を聞くという姿勢ではなく、どこで決めたのかわからないトップダウンの方針を伝えるだけだから、それを自治会も反復していたということだろうね。

**中村**　所謂「上からの目線」というやつで、政治や行政、公官庁と官僚から自治会レベルまで浸透している宿痾ともいえるものだ。それは30万といわれる自治会の大半にＤＮＡとして根づいているから、問題はさらに根深い。

自治会の「会則」や「細則」を作成するために色々と調べていて、ある自治会の運営方法は自主、民主、公開の３原則だとして、「会則」前文に、次のことが謳われていることを見つけた。それらは自治会員の思想、良心、信教の自由の保護、人種による差別の否定、自由な発言と少数意見の尊重と配慮、自治会の民主的運営のための不断の努力といったものです。

**小田**　それはとても立派なものだと思うけれど、市との関係とか、その背景が気になる。そうは謳ったものの、市や県が上意下達的な姿勢のままであれば、その自治会は孤立してしまい、スローガンだけに終わってしまうのではないかと危惧される。

**中村**　私も同意見で気になるので調べてみると、全国的にはもちろん少数であるが、旧社会党や共産党的自治会もあって、政党体質をほめているわけではないが、色々な試みがなされていることは確かだ。でもそれは別の話になってしまうので、ここでは指摘するだけにとどめます。

**小田**　そうしたほうがいいね。私のほうも常民的自治会のことに言及していけば、様々な共同体の試みと絡んで、こちらもきりがないから。

## 75　自治会長の終わり

**中村**　それよりもそちらの自治会の大団円というか、あなたの自治会長としての最後までを語ってもらわないと。

**小田**　これはどこでもそうだろうと思うけど、秋祭が終われば、自治会の行事は一段落で、従来であれば新年会などもあるのだが、コロナ禍の中では開けない。

それで3月の総会に向けての準備に専念することができた。「会則」と「細則」の再確認、自治会員名簿に基づく構成員名簿の作成、近隣自治会との線引き覚書などを揃えていった。中村さんの意見では構成員名簿の提出は必要ないということだったが、こちらの自治会の場合、市のほうが自治会エリアの人口と世帯数をつかんでいても、多くのアパマンが存在することもあって、現実的な自治会員データは把握していないはずで、それは敬老会メンバーリストにも表れていた。それに地番の問題も絡んでいる。

**中村**　それはどういうことなのか。

**小田**　例えば、75歳以上の敬老会招待メンバーリストは正確ではないので、こちらの会員名簿で再チェックする必要がある。例えば、老親を引き取っている世帯があっても、それは住民票をそのままにしてのことだとすると、招待者リストに掲載されていない。ところが招待からもれたりすると、どうして呼んでくれないのかという苦情が必ずくる。その逆もあり、住んでいるはずなのに、子供のところに引き取られ、不在のケースもある。

敬老会もコロナで中止になったけれど、代わりに記念品をということで、同じチェックが欠かせなかったし、そこに自治会員でないアパマン居住者も含まれているので、まだ住んでいるのかも確認しなければならない。

**中村**　なるほどね。世帯数が多く、アパマン居住者にも留意しなければならないのか。

**小田**　それより大変なのは近隣自治会を例に出すと、区画整理事業を経ないで法人化した自治会の場合です。そのために地番がその自治会のものだけでなく、近隣自治会の地番が4つぐらい含まれている。基本的に敬老会リストは地番に基づき、リストアップされるので、その確認のために本当に苦労するそうです。

このように入り組んでいるので、市のほうが自治会構成員メンバーを把握しているかというと、これは現実的に無理だと思う。

**中村**　やはり構成員名簿問題も、各地域、各自治会によって、様々なんだと考えるしかないか。

**小田**　そう思うし、行政が考えるように、「一律」というわけにはいかない。それを「一律」にやろうとするから無理が出る。そこに行政と市民のギャップが生じる。それは自治会員も同じでしょうし、どこまでいってても解消できないかもしれない。
それでも私としては自立の試みでもある自治会の法人化を達成しなければならないので、準備を進めていった。もちろん法人化すれば、すべてが解決するわけでもないことも承知の上だが。
**中村**　でもコロナで書面方式でしか総会は開くことができなかったし、それは全国各地でもそのようだったと聞いている。
**小田**　私のところは2月の段階で回状を出し、総会の中止を伝え、その代わりに委任状による今期議案などの承認を必要とする旨も記しておいた。
それから3月に入って、自治会会則、細則、及び決算、予算、行事予定などを揃え、これらを1セットとしてクリアファイルに入れ、全世帯分を用意した。そして法人化に伴う、それらの承認、次期会長と役員の選任、公会堂新築に伴う市への1千万円補助金申請を議案として、私を代理人とする委任状も添えた。
**中村**　完璧だね。
**小田**　でもこれらを用意しながら、近隣自治会の話を聞くと、会則もないし、委任状も経験していないので、少人数ですませられる組長会を総会の代わりにするしかないということだった。
300ある自治会にしても、法人にされているのは3分の1なので、おそらくそのような処置がとられたにちがいない。このような機会だからこそ法人化はともかく会則と委任状による自治会運営に移行すべきだった。でもそうには至らなかったのは残念に思えた。

**中村** それはともかく、委任状の回収結果はどうだったの。

**小田** 配布数の8割が回収でき、すべて有効で議案は成立した。おそらく1割が反対、1割がわからないので棄権したと見なせます。

もちろんこの結果も組ごとの配布と回収数を記した回状を出し、回収委任状は自治会で保存し、必要があれば閲覧できるとも付記しておいた。

またそれらを記した総会議事録を添え、市に自治会法人化申請、及び公会堂新築のための1千万円補助金申請を提出し、ただちに法人化は認可された。補助金のほうは7年後に下りることが決まった。それでとりあえずは公会堂新築準備委員会をつくり、私たち3役がそこに参画するつもりでいる。すぐに必要かどうかわからないけれど、毎年の自治会長に新築のことまで負わせるわけにはいかないので、私が引き受けるしかないと思っている。近くなったら、自治会長経験者を対象として新築委員会を設立するつもりです。法人化に反対であっても、公会堂新築に反対する者は少ないはずだし、何よりもそのための積立金を必要としない新築計画だからです。もちろんこれらのことも、総会でも過半数を賛成を得てということになりますが。

**中村** やれやれ、本当にご苦労さまでした。これまでも細切れには聞いていましたが、まとめて2年間にわたる詳細とストーリーをうかがったのは初めてで、同じ自治会長として、短期間でよくぞここまでと思いました。

**小田**　いえいえ、私が範とした中村さんからおほめに預り、恐縮です。これにこりずに、中村さんとはまだ何本か対談をしたいと考えておりますので、今後ともよろしくお願いします。

それではこちらこそご苦労さまでした。

# あとがき

この本はひとえに小田光雄さんの自治会長奮戦記です。同年齢の私のほうが、たまたまその職に就いた時期が早く、また長い期間（副会長二年を含め七年間）その任に就いていなければならなかったことで、小田さんが会長代理の時期に知ったかぶりをして助言なるものをしたことが禍いしています。まさかこんなことになるとは。

とにかく、自治会長という職は、長は付いてもちっとも偉くないのです。会員から苦情を持ち込まれれば、やればやったで感謝もされず、やらねば文句を言われるだけの、地域を掃除して回るゴミ回収人みたいなものです。（コロナの時は必要です、と煽てられました）

そのようにされても、会長になればなったで、住人のための自治会に変えていきたいという思いは湧き出ます。しかし、行政や行政もどきの組織の下請け、孫請けを主な業務として、それさえこなしていれば任期期間中は取りあえずつつがなく過ごすことができます。

でも、行政は前例遵守の組織体でしかありません。自治会が住民とのあいだで、行政からの媒体機能しか果たしていないとすれば、自治会には共同体、コミュニティづくりの基盤としての効果も発展もありません。むしろその存在は、害あって益なしです。すぐさま解散して行政に伝達組織の返上を申し出たほうがいい。

単位自治会には、その上部団体として、ブロックや地区の連合自治会から、区、市、県、そして国まで続く連合組織があります。また、婦人会、子ども会、消防団、福祉部門にも同様なタテ組織が連なっています。このそれぞれの組織が、地区町村から国までの行政組織に寄り添うように形づくられているのは何を意味するのか。

利権と施しの受け皿をつくりたがり、異なる意見を排除する同調性がとても好きなこの国の国民性からすると、これらの組織体は、これ迄の自治会運動推進者（声のデカいひと）たちが、どうもみずから希望し、主体的に作ってきた面もあって、いちがいに行政のみを悪者にはできませんが。

この本は地域のコミュニティをいかに形づくるかの基本的考え方が提示されています。近い将来間違いなくおこる住民の減少は、独居高齢者の増加、空家の放置、地域メンテナンスの継続不能、慣例行事の継続可否などが問題となり、合併や廃止まで考えねばならない時期がきます。その時に必要なのは、せめて自治会が住民ひとりひとりの顔の見える集団であることにつきます。

参考文献をあげるつもりでしたが、見合わせました。そのほとんどはマニュアル本で、行政の効率化に寄与することが主眼で、行政にいかに気に入られる自治会になるかが基本にある本です。これらでは申請、助成依頼には役立ちますが、なぜ自治会が必要で、どのような考えのもとで運営したらよいのか、残念ながら書かれていませんので。

中村文孝

**小田光雄**（おだ・みつお）
1951年生まれ、静岡県西部地区の自治会長を実質的に2年務める。

**中村文孝**（なかむら・ふみたか）
1950年生まれ、埼玉県南部地区の自治会長を5年務める。

**全国に30万ある「自治会」って何だ！**

2021年11月10日　初版第1刷印刷
2021年11月20日　初版第1刷発行

著　者　小田光雄、中村文孝
発行者　森下紀夫
発行所　論 創 社
東京都千代田区神田神保町2-23　北井ビル
tel.03（3264）5254　fax.03（3264）5232　web.https://www.ronso.co.jp/
振替口座　00160-1-155266
装幀／野村浩
印刷・製本／精文堂印刷　組版／ロン企画
ISBN978-4-8460-2116-0　